Irmgard Teich

Eisblumen & Seerosen

Kindheit in den 50er Jahren in Burghausen

Memoiren

Irmgard Teich

Eisblumen & Seerosen

Kindheit in den 50er Jahren in Burghausen

Memoiren

Irmgard Teich
Eisblumen und Seerosen -
Kindheit in den 50er Jahren in Burghausen
Oberding: Reimo-Verlag, 2022

Am Mitterfeld 3, 85445 Oberding
Tel.: 08122 / 47 99 715
Fax: 08122 / 47 99 714
E-Mail: reimo_verlag@gmx.de
www.reitmajer-verlag.de

Umschlaggestaltung und Illustrationen: Julia Teich

ISBN 978 – 3 – 942867 – 74 – 0

Gewidmet

meinem Bruder, dem Gefährten meiner „Abenteuer",
meiner Mutter, meiner Schwester und meiner Cousine,
sowie all denen, die das Glück hatten,
ihre Kindheit in dieser schönen Stadt zu verbringen.

„Zwei Dinge hatten wir,
die unsere Kindheit zu dem machten,
wie sie war –
Geborgenheit und Freiheit."

aus "Mein Småland",
Astrid Lindgren & Margareta Strömstedt

Inhalt

Das Haus

Wieder einmal ist es so weit. Ich sitze am Bett meiner Mutter in dem Heim, wo sie seit einem Jahr wohnt, und betrachte die Schlafende. Heute gehe es ihr nicht so gut, sagte die Schwester, sie sei sehr schwach.

Gerne würde ich sie wecken, um ein bisschen Kontakt mit ihr aufzunehmen, aber ich darf ihr nicht zu nahe kommen, nicht einmal mit der Gesichtsmaske, die jeder Besucher tragen muss. Es herrscht die Angst vor dem Coronavirus, vor dem wir uns seit mehr als drei Monaten in Acht nehmen müssen.

Während ich ihr bleiches, kleines Gesicht und ihre zitternden Lippen betrachte, wandern meine Gedanken immer weiter weg, ganz weit, an einen anderen Ort, in eine andere Zeit, in eine andere Welt … Die Nachbarn sind keine Leute, sondern Charaktere. Jeder kennt die Eigenheiten des anderen - und toleriert sie. Mancher derbe Spruch wird nicht übelgenommen, sondern belacht oder sogar goutiert. Ehrlichkeit ist kein Fettnäpfchen, mit dem man es sich ein für alle Mal mit jemandem verderben könnte. Man ist nicht so empfindlich …
Es ist eine optimistische Zeit, ohne Armut, aber auch ohne übergroßen Reichtum. Es ist elf Jahre nach Kriegsende. Es ist die Zeit des "Wirtschaftswunders" bei sozialer Marktwirtschaft unter so gesetzten, ältlichen, vertrauenerweckenden Regierenden wie Konrad Adenauer und Ludwig Erhard. Unter ihrem Schutzmantel fühlt eine ganze Nation sich sicher und zuversichtlich.

Nein, heute wacht Mutter nicht auf. Mein Blick wandert von ihrer Gestalt hinüber zum Fenster. Das helle, lebhafte Grün der Bäume des kleinen Parks bildet einen schmerzlichen Kontrast zu dem stillen, schmucklosen Zimmer.

Meine Gedanken formen sich zu immer deutlicheren Bildern aus der Vergangenheit …

Mutter ist eine junge Frau und ich bin ein kleines Schulkind. Es ist das Jahr 1956.

Wir wohnen in einem alten Haus, einem sehr alten Haus, vierhundert Jahre alt oder noch älter, am Fuße des Burgbergs. Wenn man aus dem kleinen Fenster des niedrigen Wohnzimmers, "Stube" genannt, schaut, geht nach rechts eine Auffahrt zum See, und schräg links verläuft die Hauptstraße Richtung Süden. Eine schöne Lage, im Sommer.

Aber im Winter ist es anders. Wir haben keine Heizung. Nur in der Stube steht ein Ofen. Kein Holz- oder gar Ölofen.

Wir hatten einen Sägeleimofen. Der Brennstoff war feines Sägemehl, das von einem Pferdefuhrwerk vor dem Haus abgeladen wurde. Beide Familien, die im Haus wohnten, mussten es in den ebenerdigen Keller in Zinkwannen hineintragen helfen. Für uns Kinder, meinen Bruder und mich, war es dann ein besonderes Vergnügen, vorher noch auf dem weichen Haufen herumzuhüpfen. Natürlich gefiel das den Erwachsenen nicht, weil sie nun den Haufen erst wieder herrichten mussten, um die

Wannen ordentlich zu befüllen. Sie schimpften und verscheuchten uns. Das war nochmal ein Spaß!

Die erste Arbeit meines Vaters, wenn er abends von der Fabrik nach Hause kam, war "den Ofen stampfen". Das Sägemehl wurde Schicht für Schicht mittels eines schürhakenähnlichen Geräts in eine Art runder Tonne gestampft. Diese hatte in der Mitte ein Rohr, mit dem man sie in das Ofengestell einpassen konnte. Das rhythmische Stampfen hörte man durchs ganze Haus. Es ist ein typisches Geräusch meiner Kindheit. Mein Vater musste also nun die schwere Tonne in den ersten Stock tragen, um sie in den Ofen zu hieven. Ob ihm wer dabei geholfen hat, weiß ich nicht mehr, auch nicht, wie man den Brennstoff anzündete. Ich glaube, es gab unten eine Schublade, von der aus man mit Hilfe von Zeitungsstücken und einem Streichholz das Feuer entfachen konnte. Um solche "technischen" Details brauchten wir Kinder uns schließlich nicht zu kümmern.

Es entstand alsbald eine große Hitze, und die ließ sich nicht regulieren, so dass man, wenn der Ofen zu glühen anfing, einen großen Topf Wasser daraufstellen musste. Sonst hätte der Ofen explodieren können. Zusätzlich riss man noch die Fenster für eine Weile auf. Das Wasser wurde im Nu heiß, und so hatte Mutter gleich Abwaschwasser. Manchmal kochte sie auch Vaters Stofftaschentücher darin aus. Die warme Stube war wunderbar, wenn man ausgefroren vom Schlitten- oder Schlittschuhfahren kam!

Aber einmal hasste ich den Sägeleimofen. Ich hatte einen Wellensittich, und damit der nicht so allein sein musste, kam Vater auf die Idee, einen zweiten Wellensittich zu kaufen. Die Auswahl in dem Zoogeschäft war nicht besonders groß, und so fiel unser Blick auf ein kleines, etwas farbloses helllila Vögelchen, das schüchtern in einer Ecke hockte. Da beschlossen wir, uns des Tierchens zu erbarmen und kauften gerade dieses. Es war Vaters Überzeugung, dass Vögel frei fliegen können müssen, und nur zum Schlafen in den Käfig sollten. Die Vögel gingen aber nur selten freiwillig in ihr Haus, und so war es unser Trick, sie so lange im Zimmer zu jagen, bis sie ermüdeten und wir sie dann nehmen und in den Käfig setzen konnten. Das neue lila Vögelchen war schon ein paar Runden geflogen, ermüdete, und konnte ausgerechnet über dem Topf mit dem heißen Wasser nicht mehr weiter. Es fiel hinein, ich tat einen Schrei, und fasste mit der Hand in den Wassertopf, um den Vogel herauszufischen. Leider war auch das schon zu spät, und er starb Sekunden später. Ich war untröstlich. Dann schaute ich auf meine Hand. Sie war völlig unversehrt, ihr war nichts passiert. Ich wundere mich heute manchmal noch, wie das sein konnte.

So heiß es in der niedrigen Stube war, so kalt war es in den anderen Zimmern. Mein Zimmer war besonders kalt, da es keine Verbindung zur Stube hatte, wo man etwa die überschüssige Hitze hätte ableiten können. Die Fenster waren nicht doppelt oder sonst wie isoliert. Wenn es besonders kalt wurde - minus zehn Grad waren keine Seltenheit, manchmal waren es sogar noch weniger - und alles in Schnee und Frost erstarrte, dann bildeten sich Eisblumen am Fenster meines Zimmers. Am Tag, wenn die Sonne schräg am Fenster anstand, glitzerten sie in ihren vielfältigen, kristallenen Formen überirdisch schön. Manche der Formen ähnelten wirklich Blumen. Jedes Mal, wenn ich mein Zimmer betrat, war ich fasziniert, und obwohl die Kristalle bedeuteten, dass ich mehr denn je frieren musste, liebte ich sie irgendwie.

Am Abend bekam ich zum Einschlafen eine schwere, heiße Zinkwärmflasche und ich zog mir eine extra Wolldecke über den Kopf. Selbst damit konnte ich manchmal vor Kälte eine ganze Zeit lang nicht einschlafen. Ich musste ja wieder einmal Luft holen, und bald war die Nasenspitze wieder eiskalt.

Schön war es, dass wir links und rechts, schräg und geradeaus gegenüber Nachbarn hatten, von denen einige Handwerker waren. Links neben uns hatte ein Wagner sein Haus und seine Werkstatt. Er stellte also Wagenräder und vieles andere Nützliche aus Holz her, unter anderem auch Ski. Zufällig hieß er mit Nachnamen auch "Wagner", so dass die ganze Stadt ihn in unserem Dialekt den "Wonga Wonga" nannte.

Er war ein fleißiger Mann. Schon früh am Morgen hörte man das gleichmäßige Brummen seiner Maschinen. Wenn er mal zum Luftschnappen kurz vor die Werkstatttür trat und eines von uns Kindern sah, liebte er es, seinen Schabernack zu treiben. So sagte er einmal zu mir: "Hast nicht den Teufel gesehen? Gerade ist er hier um die Ecke gelaufen. Pass auf, dass er dich nicht holt!" Ich schaute verdutzt, auch etwas erschreckt, und wusste nicht recht, ob ich ihm glauben sollte oder nicht. Schließlich war er ein Erwachsener. Da grinste er, zufrieden ob meiner Reaktion, und verschwand wieder in seiner Werkstatt. Ein bisschen unheimlich war er mir, wenn mein Blick zufällig auf seine Hände fiel. An einer Hand fehlte ein Finger. Ich hatte so etwas noch nie gesehen. Als in der Familie einmal darauf die Rede kam, sagte mein Onkel, der mit seiner Familie im zweiten Stock wohnte: "Der hat einmal die Hand in die Maschine gebracht. Der hat geschrien, dass man es bis zum Friedhof raus hörte!" Das musste vor meiner Zeit gewesen sein; ich konnte mich nicht an so etwas erinnern. Aber den Satz meines Onkels bekam ich den ganzen Tag nicht mehr aus dem Kopf …

Seine Frau, meine Tante vom 2. Stock, redete auch manchmal über den Wonga Wonga. Sie war bei ihm Haushälterin gewesen, weil seine Frau früh verstorben und eine kleine Tochter da war. Als Nachbarn lernten mein Onkel und meine Tante sich kennen und heirateten. Sie lebten dann in meinem Elternhaus im 2. Stock. „Der Wonga Wonga war aber anständig”, sagte meine Tante hin und wieder, „der hat mich nicht angerührt“. Ich war immer wieder verdutzt. Für mich bedeutete „anrühren“ so etwas wie „schlagen“, oder „eine Ohrfeige geben“, etwas in dieser Art. Und ich fragte mich, wieso ihr Chef sie denn schlagen sollte, wo sie doch ihre Arbeit sicherlich gut und gewissenhaft gemacht hatte. Ich jedenfalls kannte sie als eine sehr gute Hausfrau und Köchin. Aber irgendwie getraute ich mich nicht, meine Gedanken zu äußern. Ich schaute nur so vor mich hin. Ahnte ich vielleicht doch als Kind, dass es Erwachsenengeheimnisse gab, über die man nicht redete? Vor allem, wenn diese Geheimnisse etwas mit dem sechsten Gebot zu tun hatten?

Unsere Spiele

Direkt gegenüber von unserem Haus war ein Steinmetz. Er stellte hauptsächlich Grabsteine her, die er auf dem Platz vor seiner Werkstatt gut sichtbar aufstellte. Im Sommer arbeitete er draußen. Das frühe Hämmern an sonnenbeschienenen Steinen auf dem hellsandigen Platz, zusammen mit den Geräuschen aus der Wagnerei, erfüllte mich mit einem Gefühl des Wohlbehagens und der Geborgenheit. Es zog mich dorthin, und alsbald kam mein Freund Werner von gegenüber, und wir bauten uns in den Sand vom Steinmetz eine Art Bocciabahn.

Gespielt wurde mit dunkelroten, braunen und gelben Tonmurmeln, die wir "Schusser" nannten. Der Steinmetz ließ uns gewähren. Wir waren mit diesen einfachen Kugeln zufrieden, bis einmal ein Nachbarsjunge eine Glaskugel mitbrachte, die innen ein Gewinde bunter, ineinander verschlungener Farben hatte. Von da an galt es, sich so ein Juwel zu erwerben, sei es, dass man sie sich schenken ließ, oder dass man dem Gegner eine abgewann.

Neben dem Steinmetz ging die Auffahrt zum See hinauf; jedoch hatte man in die Hälfte der Auffahrt eine Feuerwehrgarage mit Flachdach eingebaut. Dieses Dach war begrünt, und diente somit uns Kindern ganz selbstverständlich als Spielwiese. In der Ecke zur Auffahrt runter war ein geheimnisvoller, runder Metalldeckel mit gleichmäßigen kleinen Löchern drin. Ich schielte immer wieder zu ihm hinüber. Was das wohl war? Irgendwie verband sich das geheimnisvolle Etwas in meiner Vorstellung mit der Hexe, die in unserem Spiel vorkam (später wurde mir klar, dass der Deckel ein Lüftungsschacht für die Garage war). Die "Hex' im Keller" ging so: Ein Kind wurde zur Hexe auserwählt und musste sich weit entfernt von den anderen hinsetzen oder verstecken. Ein anderes Kind wurde losgeschickt, um mit der Hexe eine bestimmte Uhrzeit auszumachen. Das Kind ging zurück in den Kreis der anderen Kinder. Dann wurde Hand in Hand Ringelreihen getanzt und gesungen: "Ein Uhr hat's geschlagen, und die Hex' ist noch nicht da; zwei Uhr hat's geschlagen, und die Hex' ist noch nicht da …" und so konnte das weitergehen bis zwölf Uhr. Bei der ausgemachten Zeit rief das Kind: "… und die Hex' ist da!" Alle stoben auseinander, aber ein Kind fing sich die Hexe immer. Das Kind, das als letztes übrigblieb, war die neue Hexe. Besonders lustig war es natürlich, wenn die Uhrzeit "ein Uhr" ausgemacht war!

Ein andermal spielten wir "Wer fürchtet sich vorm schwarzen Mann?". Ein Junge machte den "schwarzen Mann". Er stellte sich in einiger Entfernung gegenüber der Gruppe auf und rief: "Wer hat Angst vorm schwarzen Mann?" Die Antwort war: "Niemand!" Der Junge: "Wenn er aber kommt?" Wir anderen: "Dann laufen wir davon!" Und rannten vor ihm davon. Das Spannende war, dass wir nicht wussten, in welche Richtung er aufbrechen würde. So hatte er oft schnell ein "Opfer" gefunden. Er tippte mehrere Kinder an, die dann ebenfalls "schwarze Männer" wurden und auszogen. Der Spieler, der als letzter gefangen wurde, war der Sieger und der "schwarze Mann" der nächsten Runde.

Auch "Verstecken" spielten wir gerne. Es gab genügend Ecken in Haustüren, Zäune und Sträucher und Bäume, hinter denen wir uns verbergen konnten. Auch das trutzige, mittelalterliche Tor, der Durchgang zum See, bot einige Nischen zum Verstecken.

Oft spielten wir bis zum Abend. Wenn Mutter dann durchs geöffnete Fenster zum Abendessen rief, empfand ich das immer als lästige Unterbrechung unseres Spiels und hätte am liebsten gar nichts gegessen. Aber das ging nicht. Wenn Essenszeit war, musste man essen! Es gab Mischbrot, auch "Hausbrot" genannt, Butter, Aufschnittwurst und Camembert oder Emmentaler, manchmal auch Tomaten mit Zwiebeln, Salz und Pfeffer, und Quark, angemacht mit Schnittlauch, Petersilie, und Zwiebeln. Auch ein großer weißer Rettich, gut eingesalzen ("Der Radi muss weinen," hieß es) und aufgehobelt wie eine Gurke, kam manchmal auf den Tisch. Dazu tranken wir Limonade, niemals Wasser.

Als wir größer waren, spielten wir nach dem Abendessen oft Federball auf dem Platz oberhalb der Auffahrt. Unglücklicherweise floss dort ein Bach, der Abfluss des Sees, der in einen breiten Fluss unten mündete. Der Bach war durch einen Zaun von unserem Platz abgetrennt. Es passierte natürlich mehr als einmal, dass im Eifer des Gefechts der Federball im Bach landete. Nun begann der Wettlauf mit dem Bach, um den kostbaren Ball wieder zu bekommen. Wir rannten die Auffahrt hinunter, über die Hauptstraße, eine Gasse zwischen den Häusern durch, eine kleinere Parallelstraße ein Stück entlang zum Uferweg, die Böschung hinunter, und hielten atemlos bei einem großen Rohr an, durch das der Bach über einen Kiesstreifen in den Fluss mündete. Kam der Ball oder war er unterwegs irgendwo steckengeblieben? Ja, da kam er, unversehrt und schneeweiß! Schließlich war er bereits aus Plastik, nicht aus Kork und echten Federn. Das Spiel konnte weitergehen, bis es dunkel wurde.

Die Aufbahrung

Ja, das war Leben pur!

Aber auch mit dem Tod machte ich schon als kleines Mädchen Bekanntschaft. Die alte Nachbarin von dem großen Haus direkt gegenüber dem unseren, wo der Steinmetz im Parterre seine Werkstatt hatte, war gestorben. Nun hieß es Abschied nehmen von ihr. Ich hatte die Frau gar nie gesehen, wusste kaum von ihrer Existenz; wahrscheinlich war sie schon lange nicht mehr aus dem Haus gegangen. Meine Tante und eine andere Tante, die gerade zu Besuch da war, forderten mich auf, mitzukommen. Ich war sechs oder sieben Jahre alt. Wir gingen zur Haustür des Nachbarhauses und betraten leise den breiten, dunklen Flur. Er war nur von ein paar hohen Kerzen erhellt, und da, in der Mitte, stand ein Sarg. In ihm lag die Verstorbene, auf weißen, mit Spitzen verzierten Seidenkissen. Die Augen waren geschlossen. Ihr kleines, etwas eingefallenes Gesicht war fast so weiß wie das Kopfkissen, auf das es gebettet war, und schien aus Wachs modelliert zu sein. Auch die gefalteten Hände, zwischen denen ein Rosenkranz drapiert war, sahen wächsern aus. Ich stand neben dem Sarg und sah sie ehrfürchtig an. So sah also ein toter Mensch aus. Ich fand das mehr interessant, als dass es mich schauderte. Es war, wie es war. Beinahe schön. Meine Tante stupste mich an und flüsterte mir zu, ich solle leise ein "Vaterunser" beten, was ich sogleich gehorsam tat. Dann verließen wir verhaltenen Schrittes den Ort und kehrten ins Sonnenlicht zurück. Es war sehr ruhig draußen, denn der Steinmetz arbeitete an diesem Tag nicht.

Ich sah noch oft aufgebahrte Verstorbene, wenn ich nach dem Tod meiner Großmutter auf den Friedhof kam. Was heute "Aussegnungshalle" heißt und wie eine Kapelle aussieht, war früher das "Leichenschauhaus", und da lagen immer ein paar; manche allerdings auch mit geschlossenem Sarg. Das fand ich dann nicht so interessant. - Ein paar Jahre später sah man nur noch geschlossene Särge.

Sommer am See

Die Sommer waren endlos und selbstverständlich. Tagsüber war es oft richtig heiß und die Erwachsenen stöhnten: "Dreißig Grad soll es heute werden!" Das geschah oft, und ebenso oft gab es am Abend oder nachts ein richtiges Gewitter. Die Donner hörten sich an, als ob der ganze Himmel eine Bretterbude wäre, die plötzlich mit lautem Gekrache einstürzte. Ein wohliger Schauer lief mir dann über den Rücken. Wir alle wussten, dass am nächsten Tag dafür alles blank geputzt sein würde: der See, die Badeanstalt mit den Holzliegeflächen und den dunklen Kabinenreihen, und das Strandbad mit der weichen, ebenen Liegefläche aus Gras und den verschieden großen, Schatten spendenden Bäumen. Das Badevergnügen konnte erneut stattfinden, nichts Schlimmes war passiert, alles war wie immer.

Am 1. Mai öffnete die Badeanstalt unseres kleinen Sees, von dem wir nur 100 Meter zu gehen hatten, und schloss Anfang September. Da liefen wir Kinder praktischerweise gleich im Badegewand, Handtuch über die Schulter, zu unserem nassen Vergnügen. Für 20 Pfennige an der Kasse am Eingang gelangten wir in unser Paradies.

Als wir noch nicht zur Schule gingen, nahm Vater uns immer mit zu dem Teil der Badeanstalt, wo nach dem Eingang gleich rechts das Bootshaus war mit den Ruderbooten, und danach die dunklen Holzliegeflächen mit den Umkleidekabinen, von denen manche dauervermietet waren für die „Besseren". Diese Gelände hießen „Damenbad", und weiter hinten „Herrenbad". Die Aufteilung stammte wohl aus Zeiten, als es als anstößig galt, wenn die verschiedenen Geschlechter sich in Badebekleidung sahen. Wie auch immer, zu unserer Kinderzeit liefen dort längst Männlein und Weiblein gemischt herum. Das „Herrenbad" befand sich zwischen der zweiten Kabinenreihe und einer neueren, hellgrün gestrichenen Reihe von Umkleiden, die den westlichen Spazierweg des Sees begrenzte.

Das Strandbad mochte Vater nicht; das war etwas für junge, modebewusste Teenager und Erwachsene im Bikini, die dort flanieren, sich bräunen und flirten wollten. Freilich waren dort auch Familien mit ihren

Kleinkindern, aber Vater mochte das Strandbad nun einmal nicht. Vor allem war es ihm wohl schlichtweg zu langweilig. Er mochte das rustikalere Herrenbad, wo er Leute - hauptsächlich Männer - traf, die er vom Wirtshaus und vom Kartenspielen her kannte. Mit ihnen konnte er seinen Spaß haben und Witze reißen, und seine Kumpel wiederum konterten, und so ging das hin und her.

Ob mein Bruder und ich als kleine Kinder allein am Strandbad waren, daran kann ich mich nicht erinnern. Ich denke, es war uns von Mutter verboten, weil wir noch nicht schwimmen konnten. Mutter selbst nämlich konnte nicht schwimmen. Sie war auf einem Bauernhof in Norddeutschland aufgewachsen, wo weit und breit kein Gewässer war, und es hätte wohl auch niemand Zeit zum Schwimmen gehabt. So zog es sie niemals zum Wasser und sie wäre auch nie mit uns zum See gegangen.

Der Schwimmkurs

Als mein Bruder und ich kurz davor waren, Schulkinder zu werden, befand unser Vater, dass wir Schwimmen lernen müssten. Schließlich gehöre sich das und sei lebensnotwendig. Er ging mit uns ins "Damenbad". Es befand sich gleich nach dem Eingang nach dem Bootshaus und bestand aus zwei Reihen alter Umkleidekabinen aus dunklem Holz, die etwa zwanzig Meter voneinander entfernt waren. Am Ende der ersten Reihe war eine hölzerne Liegefläche, wo man schön sonnenbaden konnte. Die Plätze waren allerdings rar, denn "Stammgäste" älteren Datums beanspruchten ganz selbstverständlich ihren Bereich. Wer wo lag, war ein ungeschriebenes Gesetz. Hier befand sich, anders als im „Herrenbad", ein Nichtschwimmerbecken, das durch Holzbohlen vom tieferen Gewässer abgetrennt war. Ich mochte den Geruch von den aufgeheizten, alten Holzbrettern, der sich mit dem etwas modrigen Geruch des Wassers vermischte, gerne. Dorthin brachte uns unser Vater. Wir besaßen bereits einen Schwimmreifen und hatten immer schon Schwimmbewegungen damit geübt, mehr oder weniger. Nun aber wurde es ernst! Und das ging so:

Vater ließ ein bisschen Luft aus dem Schwimmreifen und verschloss ihn wieder. Dann ließ er uns schwimmen. Das ging ja ganz gut. Dann ließ er noch ein bisschen Luft raus, und wieder mussten wir schwimmen. So ging das immer weiter, und ab einem bestimmten Punkt merkten wir, dass es anstrengend wurde. Da ließ Vater es gut sein und vertagte das Ganze auf den folgenden Tag. Da passierte wieder das gleiche, und am dritten oder vierten Tag konnten wir ganz ohne den Reifen schwimmen, keine lange Strecke, aber immerhin. Am Anfang ging uns auch immer schnell die Luft aus. Auch das wurde mit fleißigem Üben immer besser. Wenn wir die letzten paar Meter nicht mehr recht schafften, hielt Vater uns seine Hände unter unseren Bauch zur Unterstützung, und wir erreichten die angestrebte Strecke. Von nun an konnten wir ganz selbstständig üben. Wir waren stolz auf uns, Vater erst recht, und es machte uns einen Riesenspaß! Schwimmen wurde unsere große Leidenschaft.

Heidelbeeren und anderes Süßes

Überhaupt unternahm Vater viel mit uns Kindern. Es war eine ungeschriebene Ordnung, dass Vater für Bildung, Kultur, Sport und Abenteuer zuständig war, Mutter für das leibliche Wohl, für Gemütlichkeit und einen geregelten Tagesablauf. Sie war die geduldig, klaglos Dienende. Sie stand für Zuverlässigkeit und gab Geborgenheit. Im Frühling animierte Vater uns zu Radtouren in einem Auwald am Fluss und zeigte uns die Schönheit der Blumen und Bäume. Es gab dort auch ein Wirtshaus mit Kegelbahn; dort kehrten wir dann ein. In einem Wäldchen in der anderen Richtung pflückten wir Heidelbeeren, die wir in eine kleine runde Blechbüchse mit Henkel packten. Vater bückte sich nicht, er schaute nur, wer von uns beiden in kurzer Zeit die meisten in seiner Büchse hatte. Zu Hause angekommen aßen wir sie sofort auf, noch bevor Mutter sie sehen konnte. Aber Heidelbeerkuchen stand ohnehin nicht auf ihrem Programm.

Über die Brücke und dann einen schmalen, steilen Steg hinauf, und mindestens einen Kilometer weiter nördlich gab es noch ein anderes Wäldchen. Dort ging Vater zu Ostern gerne mit uns und unserer Mutter spazieren. Unterwegs ließ er ein paar kleine Schokoladeneier fallen, die wir dann suchen mussten. Wir liebten das. Und Vater liebte diese Runde auch, weil ein Schnapsbauer in der Nähe war. In dem ebenerdigen Verkaufsraum sah es aus wie in einer Zauberwerkstatt: Regale von oben bis unten waren lückenlos befüllt mit Likören und Schnäpsen jeglicher Art und Prozentzahl, eine faszinierend farbige, duftende Welt. Vater bekam hier was Hochprozentiges, Mutter und wir Kinder ein Gläschen Eierlikör. Vater kaufte sich noch eine Flasche zum Mitnehmen. Er nahm sie aber meist nicht nach Hause mit, sondern ins Wäldchen. Dort fand er eine geeignete Wurzel, um die Flasche zu vergraben. Nun hatte er immer eine Motivation, um in dem Wäldchen spazieren zu gehen. Nach dem langen Weg buddelte er immer die Flasche aus, nahm ein paar Schlucke, grub sie wieder ein. Mutter sah das nicht so gerne. Sie schaute weg, nahm es hin. Wir Kinder fanden das eher lustig; war halt so. Dann machten wir uns auf den Heimweg, von Österreich nach Deutschland. Das war nicht allzu weit.

Der Klauserer

Nachdem wir schwimmen gelernt hatten, ging Vater mit uns nur noch ins „Herrenbad". Wir konnten in dem etwas tieferen Wasser des Nichtschwimmerabteils weiter üben, und Vater fand dort immer wieder ein paar Bekannte, mit denen er sich unterhalten konnte. Natürlich schwamm er auch gerne, etwas weiter hinaus als wir uns trauten. Er konnte sehr gut schwimmen. Dann winkte er uns zu, um uns zu animieren, auch mal eine längere Strecke zu schwimmen. Das taten wir dann auch. Es konnte ja nichts passieren, Vater war da, und außer ihm noch viele andere Badegäste, die uns beobachteten.

Wenn wir uns vom Schwimmen ausruhten, wurde uns nicht langweilig, denn wir konnten nun unsererseits Leute beobachten.

Genauer gesagt waren das junge Burschen, die „Fangen" spielten, zu Wasser und zu Lande. Der Kampfruf hieß: „Machen wir einen Klauserer!" Und das ging so: Zwei oder auch mehr Parteien machten untereinander aus, wer der Jäger und wer der Gejagte war. Man gab sich einigen Abstand, und auf ein Zeichen hin ging die wilde Jagd los! Der Gejagte rannte den Gang der dunklen Kabinen entlang, und wenn ihm dabei der Jäger schon zu nahe kam, schwang er sich mit Hilfe der senkrechten Geländerstrebe nach unten auf die Holzbohle, die den Nichtschwimmerteil vom tiefen Wasser trennte, rutschte behände auf dem Hintern, die Arme hoch gespreizt, die Bohle entlang, und landete im Wasser. „Stangerlrutschen" hieß das. Der Jäger flutschte ihm nach, ebenso behände und nicht minder schnell. Aber inzwischen kraulte der Gejagte mit seinem kleinen Vorsprung bereits zur Klause. Die Klause war eine rechteckige Insel aus soliden Holzbrettern, etwa zwölf Quadratmeter groß, die am Grund des Sees fest verankert war. Sie diente eigentlich vom Schwimmen erschöpften Menschen zur Regeneration oder einfach zum Sonnenbaden. Nicht aber, wenn ein „Klauserer" im Gange war. Da wurde man wenigstens nass gespritzt, wenn die Sonne einen gerade so schön erwärmt hatte, oder fast über den Haufen getrampelt, wenn die Burschen einen im Eifer des Gefechts übersahen. Denn der Gejagte hatte nun die Möglichkeit, entweder unter der Klause durchzutauchen und an einer unvorhersehbaren Stelle wieder aufzutauchen, oder die Insel zu erklimmen, sie diagonal zu durchlaufen, sich durch einen Kopfsprung ins Wasser zu retten und so lange zu tauchen, bis der Jäger, verwirrt, wegen des zu großen Abstands ihn kaum mehr einholen konnte. Der Jäger wiederum hatte die Möglichkeit, sich unter der Klause zu verstecken - denn es war ein Zwischenraum zwischen dem Holz und dem Wasser - und zu beobachten, wohin sich der Gejagte wendete. In der Zwischenzeit waren längst auch die anderen Gruppen zugange, in derselben Art wie die erste. Ein Bursche nach dem anderen flutschte über die Bohle, immer waghalsiger, immer toller; dass sie nicht zusammenstießen, war alles. Die Bohle hatte nie die Chance, trocken zu werden. Heißa, war das ein Spaß! Ich hätte mich das nie getraut, mein Bruder auch nicht, aber das machten ja auch nur Jungs, und die waren auch schon etwas älter als wir.

Wenn wir dann erfrischt, „trainiert“ und inzwischen wieder sonnendurchwärmt nach Hause kamen, erwartete uns ein leckeres Mittagessen. Es gab Wiener Schnitzel mit Kartoffel-Gurken-Salat und Preiselbeeren, oder Schweinebraten mit Kartoffelsalat, noch warm, Semmelknödel und Kopfsalat. Unsere Mutter kochte diese süddeutschen Gerichte, auch Mehlspeisen, so exzellent wie eine gelernte bayrische Köchin, obwohl sie eine Norddeutsche ist. Sie sagte, sie habe das lernen müssen von ihrer Schwiegermutter, die habe das verlangt. Ich aber glaube, sie kochte einfach gerne und mit Hingabe. Sie war „nur“ Hausfrau und Mutter, wie das damals üblich war, und fand wohl darin ihre Erfüllung. Die Familie genoss das, aber nicht bewusst. Es war eben so.

Es gab eine gewisse Speisenfolge für jeden Tag der Woche. Auch meine Tante im zweiten Stock hielt das so; ich glaube, das war allgemein üblich damals. Es war wohl praktisch, weil man nicht lang überlegen musste, was man kochen könnte (wie mühsam!) und man wusste immer, was man einkaufen musste. Am Dienstag gab es Gulasch, weil Waschtag war, und der war mühselig ohne Waschmaschine. Gulasch lässt sich einfach kochen, und auch die Salzkartoffeln dazu. Aber ich mochte es nicht besonders gern. Mittwochs gab es Schweinernes mit Kraut und Kartoffelpüree. Dieses in Sauerkraut gekochte, nicht gebratene Schweinefleisch mochte ich überhaupt nicht, weswegen Mutter mich „heikel“ schalt. Am Freitag hingegen gab es oft Dampfnudeln mit, wahlweise, Vanillesoße oder Sauerkraut - ich nahm beides - und vorneweg eine sorgfältig durchpassierte, cremige Kartoffelsuppe. Das war eine meiner Leibspeisen: von wegen „heikel“! An den anderen Tagen gab es Bratkartoffel mit Spiegelei und Spinat oder Kopfsalat, oder statt dem Ei mal ein Kotelett. Ich mochte das nicht und Mutter schimpfte wieder. Ich hatte es mehr mit Süßem. Nachmittags Kaffee und Kuchen - ja, das war was!

Eine Reise in den Orient

Die Fenster im ersten Stock unseres alten Hauses waren beide weit geöffnet. Wir hatten uns ein Couchkissen aufs Fensterbrett gelegt, um gemütlich hinausschauen zu können. Denn da war derzeit buntes Treiben, es war „richtig was los“ in unserer kleinen Stadt. Warme Luft durchzog das Gemurmel der Leute von nah und fern, und das Geklapper der Stände und kleinen Geschäfte.

Mein Vater legte eine Schallplatte auf. Er hatte sich für den eigentlichen Plattenspieler extra vom Schreiner ein Gehäuse bauen lassen, ein wahres Ungetüm, mit einer schrägen Klappe vorne dran. Man öffnete sie, um den Plattenarm mit der Saphirnadel auf die Rillen der Schallplatte legen zu können. Die warmen Klänge der Bläser von „Capriccio Italien“ erfüllten alsbald das ganze Zimmer und entschwebten nach draußen in den sommerlichen Himmel. Ich war noch nie in Italien gewesen - anders als manche Kinder meines Alters - aber für mich fühlte sich Italien so an, ja, so musste es sein!

Der Duft von gebrannten Mandeln und allerlei anderen Süßigkeiten zog immer wieder in unsere Nasen. Die Kolonialwarenhändlerin schräg gegenüber von unserem Haus, mit ihrem gutmütigen, runden Gesicht und ihrer runden Brille - die Marie - verkaufte Eis am Stiel. Das dünne, das die Form eines länglichen Kegels hatte, kostete zehn Pfennige; die größeren Stücke kosteten zwanzig bis fünfzig Pfennige. Wenn ein Kind zu wenig Geld dabeihatte, schenkte sie auch mal her.

Sie hatte ihren kleinen Laden auf, wie viele andere, obwohl es Samstagnachmittag war, denn dieses Wochenende war Seefest! Immer mehr Leute, gelöst und heiter gestimmt, flanierten im guten Gewand auf der Straße, die nach Süden führt, und über die an unserem Haus vorbeiführende Auffahrt zum See.

Plötzlich hielten alle inne und die Blicke richteten sich in eine bestimmte Richtung. Ein schwarz glänzendes, hohes Ross tänzelte mit seinem schwarz uniformierten Reiter, von links kommend, auf dem Platz vor unserem Haus hin und her. Der Reiter war kein geringerer als der Polizeichef der Stadt, Herr Graf - eine wahrhaft noble Erscheinung. Mit huldvollem Blick schaute er über seine Untertanen hin, vorgeblich nach dem Rechten schauend, in Wirklichkeit aber die Bewunderung der überraschten Leute genießend.

Dann füllten sich die weißgetünchten, schmalen Holzbuden, in denen die Eintrittskarten für das Seefest verkauft wurden, mit Personal. Zwei der Buden standen gegenüber von unserem Haus und drei standen aufgereiht entlang der Mauer vor dem mittelalterlichen, steinernen Tor, das zum See führt. Wir hatten die Buden die Tage vorher als Verstecke für unser Spiel zweckentfremdet; heute dienten sie einem hehreren Zweck. Es lag Spannung in der Luft, eine freudige Erwartung, die durch alle Fasern meines Körpers lief. Heute durften mein Bruder und ich endlich auch zum Seefest! Wir sprangen zu einer der Holzbuden, kauften uns das Ticket, und drehten noch ein paar Runden vor unserem Haus. Schließlich mussten wir uns noch mit Süßigkeiten für den perfekten Genuss des großen Ereignisses versorgen. Außerdem steigerte das die Vorfreude noch einmal.

Allmählich fing es an zu dunkeln und wir - mein Bruder, unsere Eltern und ich - machten uns langsam auf den Weg. Das Stimmengewirr der vielen Besucher wurde eindringlicher.

Es war kein weiter Weg zu dem bewaldeten Hang an der Westseite des Sees, in dessen Mitte man eine Schneise geschlagen hatte. Diese hatte man stufenweise mit breiten, glattgeschliffenen Brettern befestigt, die als Sitzfläche dienten. Etwa dreihundert Menschen fanden dort Platz. Darunter, am Fuß des Hanges, war ein Bunker ausgehoben worden, in dem später die Bretter gelagert werden könnten für das nächste Fest.

Im Dunkel tauchte die Bühne, die vor ein paar Stunden noch ein farbloses Etwas gewesen war, jetzt in gefälliger Form, bunt und verheißungsvoll mitten im See auf. Die ersten Töne der Operette „Die Rose von Stambul“ erklangen. Die farbenfrohen Kostüme, das orientalische Gepränge und die einschmeichelnde Musik faszinierten mich, obwohl ich erst ein kleines Schulkind war. Den Inhalt kannte ich nicht und konnte ich auch nicht erschließen. Was mich vom Geschehen auf der Bühne etwas ablenkte, war die Neugierde, ob ich wohl den Vater meines Sandkastenfreundes auf der Bühne sehen würde. Ich hatte nämlich gehört, dass er im Chor sänge, und hiermit war er quasi eine Berühmtheit - und ich kannte ihn! Leider sah ich ihn nicht und war etwas enttäuscht. Ich kann mich nicht mehr erinnern, ob es deswegen war, weil die Entfernung dann doch zu groß war, oder weil der Chor hinter den Kulissen aufgestellt war, nicht auf der Bühne.

Mein Bruder hatte mehr Glück. Die Mutter seiner Lieblings-Klassenkameradin sang die Arie der Kondja und war daher auf der Bühne sehr wohl zu sehen. Vielleicht wäre sie eine Operndiva geworden, aber sie hatte ihre Karriere für den Gemahl aufgegeben, der den verantwortungsvollen Beruf des Gynäkologen ausübte. Nun war ihre große Stunde gekommen - wenn auch nur im Kleinen - auf einer Bühne im See einer Kleinstadt. Mein Bruder war beeindruckt und stolz auf seine Bekannte. Dann der Szenenwechsel. Die schwungvolle Arie „Oh Rose von Stambul, nur du allein sollst meine Scheherazade sein" ließ alle Überlegungen bald vergessen. Es war nicht der berühmte Fritz Wunderlich, der da auf unserer kleinen Seebühne sang, aber mir schien das die schönste Stimme der Welt zu sein …
Ich konnte mich gar nicht sattsehen und -hören. Ich war an klassische Musik früh gewöhnt, weil mein Vater sehr oft alles Mögliche abspielte, vorzugsweise jedoch Mozart und Beethoven. Gerne dirigierte er auch dazu im Spiegel des Wohnzimmerschranks.

Als die letzten Klänge verklungen waren und das Licht auf der Bühne erloschen war, schwebten mit Lampions geschmückte Boote fast lautlos über den See. Sie hoben sich wie Zauberschifflein in orange und rot vom Dunkel der Nacht ab und glitten langsam nach vorne ins Bootshaus.

Dann erhellte sich plötzlich der Himmel nochmal: Oben auf der Burg hatte man ein Feuerwerk entzündet. In allen Farben sprühten die kleinen Sternchen in die Welt, immer und immer wieder, bevor die Nacht endgültig alles schwarz färbte. Dieses Schauspiel bereitete der magischen Nacht ein feierliches Ende.

Ich war überzeugt, dass das Seefest das Schönste war, was ich je erlebt hatte und erleben würde!

Später erzählte mir mein Vater, dass die Operette vom Spannungsfeld osmanischer Familientradition versus aufstrebende Moderne in der Türkei handle. Dies werde bildlich dargestellt durch einen jungen Mann, der modern-europäisch denkt, und einem jungen Mädchen, das ebenso empfindet. Der junge Mann schreibe seine Ansichten in einem Buch unter einem Pseudonym auf; mehr traute er sich nicht. Die beiden könnten nicht zusammenkommen, weil das Mädchen verheiratet werden solle. Nach einigen Verwirrungen gäbe es schließlich doch noch ein Happy End.

Natürlich erzählte Vater mir das in einfacheren Worten; trotzdem glaube ich nicht, dass ich das damals verstand. Ich genoss einfach nur das Spektakel.

Der Leuchtturm

Am nächsten Tag hatte sich der See von der Operettenbühne wieder zum einfachen Badesee verwandelt, aber auch als solcher war er nicht minder reizvoll für uns. Wie so oft stapften wir die Auffahrt hinauf zu dem mittelalterlichen Tor, durch das man gehen musste, um zum See zu gelangen. Direkt neben dem Tor, links, befand sich ein stattliches, weißes Haus, fast eine Villa, in der eine Klavierlehrerin wohnte. Oft hörte ich schöne Klänge, wenn ich daran vorbeiging. Aber was noch schöner war: Dort wohnten für den größten Teil der Ferien zwei Schwestern in unserem Alter. Sie kamen jedes Jahr aus der Steiermark mit ihren Eltern, um die Tante, die Klavierlehrerin, zu besuchen. Eher gnädig als erfreut wurden sie alle jedes Jahr aufgenommen. So kam es wohl, dass sie am liebsten den ganzen Tag in unserem Haus waren, und noch lieber am See. Da trafen sich unsere Geschmäcker! Wir hatten sie vor dem Haus ihrer Tante kennengelernt und seitdem waren wir immer für drei sommerliche Wochen im Jahr unzertrennlich: Susi, Hasi, mein Bruder und ich.

Natürlich bevorzugten wir, wenn wir zu viert waren, das Strandbad. Dort konnte man so schön Leute beobachten, vom Sonnenbaden in den Baumschatten wechseln - es gab immer genügend Platz, auch wenn viele Badegäste da waren. Und man konnte in Ruhe lesen. Am Anfang lasen wir Comics wie „Micky Maus“ und „Fix und Foxi“. Letztere waren zwei kleine Füchse, die mit ihrer Schlauheit blöde oder böse Menschen austricksten oder sonstwie die Welt geraderückten. Wir waren immer hin- und hergerissen zwischen jenen Enten und den Füchsen (später lasen wir natürlich „Bravo“, wie alle).

Man konnte an bestimmten, seichteren Stellen nach Muscheln tauchen. Wenn dort keine waren, tauchten wir tiefer, etwa drei Meter. Das ging dann schon ganz schön an die Ohren. Die geschlossenen Muscheln warfen wir zurück in den See, und die offenen sammelten wir, legten sie auf unsere Badedecke und verglichen, welche das schönste Perlmutt hatte.

Und dann gab es am Strandbad diese Attraktion, den „Leuchtturm“. Das war natürlich kein richtiger Leuchtturm wie am Meer, er war nur einem solchen nachgebildet worden. Er war höchstens drei Meter hoch, und statt roter und weißer Streifen war er braun-grau, aus inzwischen verwittertem Holz. Aber er hatte oben ein Lämpchen in einem gelben Glasgehäuse, wie sich das gehört. Ob das jemals gebrannt hat, weiß ich nicht. Jedenfalls war der „Leuchtturm“ wohl einmal ein Stützpunkt der Wasserwacht gewesen, weil irgendwo ein verwitterter Rettungsreifen herumlag. Jetzt residierten die Wächter ein Stück weiter Richtung Nordufer. Der Reifen lag schräg angelehnt an einer Anhäufung von Tuffsteinen, die das Fundament des „Leuchtturms“ bildeten; genauer gesagt formten sie eine kleine L-förmige Halbinsel, die zur Westseite des Sees zeigte. Sie waren ein bisschen scharfkantig, deshalb wollten wir sie nicht erklimmen. Aber es machte uns Spaß, sie anzufassen und umzudrehen. Denn was fand sich oft darunter? Ein Krebs! Das waren schöne Tiere, je größer sie waren, desto schöner. Manche waren handtellergroß, gemessen an Kinderhänden natürlich. Und wir machten uns einen Spaß und eine Mutprobe mit ihnen: die kleinen fischten wir heraus, legten sie auf unsere Handfläche und ließen sie ein wenig zappeln, bevor wir sie wieder unter ihren Stein entließen. Aber die großen, das waren die eigentlich interessanten! Die hatten richtig große Scheren, die sie umherrudern ließen. Man hätte sie hinten anfassen können, um sie sicher herauszuheben, aber das trauten wir uns dann doch nicht. Mit ihnen trieben wir einen anderen Spaß: wir kitzelten sie vorne am Kopf und an den Armen - und schon schnellte die Schere in den frechen Finger. Nur selten verfehlte der Krebs sein Ziel. Wenn das dann doch einmal passierte, war es auch genug für dieses Mal, denn wenn das Tier einen richtig erwischte, tat das ganz schön weh! Aber dafür war man der Held des Tages. Und je mehr andere Kinder zugeschaut hatten, desto grösser war das Heldentum.

Wenn wir ganz mutig waren, schwammen wir hinüber zum „Herrenbad“. Dort gab es ein Ein-Meter und ein Drei-Meter Sprungbrett. Das tiefere Brett war einfach, aber das höhere kostete mich immer Überwindung und ich sprang auch immer nur eine Kerze, keinen Kopfsprung. Den erlernte ich irgendwie nie. Aber mein Bruder schaffte den Kopfsprung vom Drei-Meter. Dafür bewunderte ich ihn. Auch Hasi, die jüngere der beiden Schwestern, traute sich den Kopfsprung vom Dreimeter, aber erst nach öfterem Üben am Ein-Meter.

Susi war jedwedem Sport abhold. Sie blieb im Strandbad und zeichnete mit Bleistift. Auf ihrem kleinen Skizzenblock nahm Siegfried, der Drachentöter, Gestalt an. Dann erzählte sie mir von ihm, Kriemhild und Brunhilde, und dem Mord durch den bösen Hagen. Gebannt hörte ich ihr zu. Für eine kleine Weile war ich in einer anderen Welt. Bald versuchte ich, Susi im Zeichnen nachzuahmen, aber ich erreichte sie nie.

Geburtstag

Ich habe mitten im Sommer Geburtstag. Manchmal war das der heißeste Tag des Jahres. Die Sommerferien hatten gerade begonnen, und damit die absolute Freiheit. Das alles wäre allein schon Grund zum Feiern gewesen; und noch dazu ein Geburtstag! Aber Geburtstag wurde bei uns in der Familie nicht so wichtig genommen, bei niemandem, außer mal ein runder Geburtstag. Sicher, es gab zur Feier des Tages nachmittags Kaffee und Kuchen, aber das gab es eigentlich jeden Tag. Danach war ich immer gedopt, um meine Hausaufgaben zu machen. Aber jetzt waren ja Ferien.

Am Vormittag meines Geburtstags gratulierte mir Mutter pflichtgemäß und drückte mir ein Fünfmarkstück in die Hand mit den Worten: „Da kannst' dir was kaufen."

Ich freute mich sehr. Denn schon lange war mir der kleine Schreibwarenladen gleich um die Ecke im Kopf umgegangen, der auch eine bescheidene Auswahl an Büchern hatte. Ich bedankte mich schnell, schnappte mir das Geld und rannte los. Im Laden traute ich mich nicht, ein interessantes Buch auszusuchen und auf den Ladentisch zu legen, weil ich nicht wusste, ob mein Geld reichen würde. Es wäre mir peinlich gewesen, wenn die Verkäuferin einen höheren Preis genannt hätte und ich hätte dann sagen müssen, dass ich nur fünf Mark dabeihatte. Drum entschied ich mich, vorzubeugen. Ich fragte, was für Bücher sie hätte für fünf Mark. Mit wichtiger Miene zog sie ein Buch aus dem Regal, legte es mir vor und sagte: „Das hier kannst du haben. Es ist recht nett." Das Buch war dünn, und die Buchdeckel waren aus Pappe, glasiert mit irgendeiner Plastikfarbe, im sprichwörtlichen „Lilablassblau". Darunter war schemenhaft ein Bild von beladenen Kamelen zu sehen. Das Buch hieß „Die Karawane". Noch auf dem Weg nach Hause schlug ich es auf. Da waren Märchen drin, die „Die Geschichte vom Gespensterschiff", „Die Geschichte vom Kalif Storch", „Die Errettung Fatmes" hießen. Ich hatte diese Titel noch nie gehört; ich kannte nur „Grimms Märchen". Das klang ja geheimnisvoll, exotisch.

Ich konnte es kaum erwarten, zu Hause zu sein. Und ich wusste auch schon, wie ich mich ungestört in meinen Schatz vergraben konnte. Am Burgberg über unserem Haus wuchs das Gras hoch. Niemand mähte es. Still und ungestört von Menschenhand wogte es im Sommerwind. Selbst das Zirpen der Grillen vermochte das angenehme Gefühl der Einsamkeit nicht zu zerstören. Leise, um nur ja nicht aufgehalten zu werden, stieg ich die zwei Treppen hoch und die kleine steinerne Treppe dazu, und ich war im Gärtchen. Dieses war begrenzt durch eine Mauer, die quasi eine Befestigung zum Burghang bildete. Eine verwitterte, aber immer noch funktionstüchtige Metallleiter war an die Mauer gelehnt. Sie führte zu einem schmalen Streifen Boden, wo Mutter ein paar Tomatenstauden angebaut hatte. Weiter Richtung Burg war noch ein Nachbarsgarten und dann begann der Burgberg. Ich stieg die Leiter hinauf, das Buch unter den Arm geklemmt, schlich mich am Nachbarsgarten vorbei, den kein Zaun begrenzte, und steuerte auf einen bestimmten Punkt zu - mein Refugium. Geschafft! Ich ließ mich ins Grün sinken und begann, zu lesen. Ich las und las und las, hörte und sah nichts mehr …

Ich war mit der Karawane in der Wüste und lauschte den Erzählungen der Männer. „Die Errettung Fatmes“ war eine Geschichte wie „Die Entführung aus dem Serail“, die Mozartoper. Dieses Thema kannte ich schon; trotzdem, oder gerade deshalb, gefiel mir die Geschichte. Dann las ich „Die Geschichte von dem Gespensterschiff“. Der schaurigschöne Titel reizte mich. Ich fuhr mit zwei Männern aus der Türkei Richtung Indien. Gebannt las ich …

Achmet und sein Diener Ibrahim sind geschäftlich unterwegs, als ihnen ein im Sturm geisterhaft über die Wellen schwebendes Schiff begegnet. Sie wissen: so ein Schiff bedeutet Unglück, und wenig später erleiden sie tatsächlich Schiffbruch. Es bleibt ihnen nichts übrig, als sich auf ebendieses Schiff zu retten. Doch wie groß ist ihr Entsetzen, als sie an Deck lauter Leichen entdecken, und der Kapitän ist mit einem Nagel an den Mast geheftet! Doch es kommt noch schlimmer: bei Nacht erwacht die gesamte Mannschaft zum Leben, johlt, säuft und streitet, und das Schiff fährt die gesamte Strecke zurück, die es tagsüber gefahren ist. Es sind Verfluchte, verdammt dazu, ewig leben und leiden zu müssen. Durch Gebete und Koransprüche, die sie um die eingeholten Segel wickeln, gelingt es Achmet und Ibrahim, das Schiff in einem Hafen in Indien anlegen zu lassen. Ein weiser Mann rät ihnen, die Männer zu bestatten. Dazu müssen sie sie aus dem Deck herausschneiden, denn sie lassen sich nicht heben. Als der Kapitän mit Erde in Berührung kommt, wird er nochmal lebendig, und erzählt, warum sie verdammt waren: Sie hatten einen Derwisch, einen heiligen Mann, der ihnen Vorhaltungen über ihren Lebenswandel gemacht hatte, über Bord geworfen. Dieser hatte sie im Fallen verflucht, auf dass sie ewig keine Ruhe fänden, bis ihre Häupter Erde berührten. Der Kapitän bedankt sich mit herzlichen Worten bei seinen Rettern, aber nicht nur mit Worten, sondern er schenkt Achmet überdies sein Schiff mit all seinen Schätzen, Perlen und Seide. Der junge Mann kehrt wohlhabend nach Hause zurück, und betet in Mekka auch für den Kapitän und seine Leute.

Ich war hin und weg. Eine ganze Zeit noch saß ich regungslos im Gras und meine Gedanken wanderten zurück zum Anfang der Geschichte, dann zum Ende, dann zur Mitte, und wieder zum Ende. Viele Gedanken wanderten hin und her in meinem Kopf. Durch Frömmigkeit konnten

Achmet und Ibrahim das Schiff in den sicheren Hafen lenken, den Ausgangspunkt für die Rettung der Seelen. Das Mitleid mit dem Kapitän und seinen Männern, obwohl sie Böses getan hatten, überwältigte mich, aber viel mehr noch der Akt der Barmherzigkeit, den die beiden Kaufleute vollbrachten. Ich, die ich gefangen war in der Geschichte, fühlte selbst diese Erlösung. Aber auch die Dankbarkeit des Kapitäns berührte mich. Der schauerliche Anfang der Geschichte wurde aufgehoben, ja verklärt durch das versöhnliche Ende. Da hatte ich noch länger was zum Sinnieren und zum Träumen …

Ich muss Mutters Ruf nach Teilnahme am Kaffeekränzchen, das heute ja schließlich zu meinen Ehren stattfand, überhört haben. Aber den Ruf zum Abendessen, pünktlich um halb sieben, hörte ich, und trat gehorsam an.

Erst ein paar Jahre später erfuhr ich, in was für eine Gefahr ich mich damals im Gras auf dem Burgberg begeben hatte. Wir hatten einen Jungen namens François von einem Frankreichaustausch der Schule zu Gast, und der war darauf aus, Blindschleichen zu fangen. Eine wollte er mir ins Bett legen, und eine wollte er in einer Schuhschachtel mit nach Hause nach Saint Brieux nehmen. Sie sollte Rudolph II heißen. Er stieg die verwitterte Metallleiter hoch, wie ich damals für meine Lektüre, und fand auf dem Mauerstreifen eine Blechplatte. Sie war ziemlich heiß, weil sie immer in der Sonne lag. Er hob sie hoch und … jetzt fing Francois beim Erzählen an, wild zu gestikulieren, das Gesicht zu verziehen, mit seinen schwarzen Augen zu rollen wie von Entsetzen gepackt - man sah fast seine Haare zu Berge stehen - und dann sagte er stotternd: „… abär da war einö … einö … comment s'appelle …„ und er sagte das französische Wort. Wir schauten im Wörterbuch nach und fanden: „Kreuzotter“! Meine Mutter meinte, sie habe schon manchmal eine Schlange in unserem Gärtchen gefunden; die fielen wohl von Zeit zu Zeit vom Burgberg herab.

Jetzt kam ich mir vor wie der „Reiter über'n Bodensee“.

Das Herzogbad

Es war wieder ein warmer Sommerabend wie so viele in jenen Tagen. Ganz in der Ferne braute sich schön langsam ein Gewitter zusammen, oder würde es doch nur bei einem Wetterleuchten bleiben? Der Abend war zu magisch, zu verheißungsvoll, um ihn zu Hause bei den Eltern zu verbringen, beschlossen mein Bruder und ich. Etwas lag in der Luft. Wir waren auf Abenteuer aus. Da unsere Eltern so ziemlich das Gegenteil von „Helikoptereltern“ waren, bemerkten sie nicht, wie wir leise das Haus verließen und uns zum See begaben. Wir spazierten am Ostufer entlang bis hinter zu der kleinen hölzernen Brücke, die den Zulauf mit dem See verbindet. Wir überquerten sie und gingen geradeaus weiter, vorbei an einem Schilfgebiet, in dem hellgrüne und bräunliche Wasserpflanzen das seichte Wasser fast völlig bedeckten. Hin und wieder waren geheimnisvolle, leise Geräusche zu hören. Waren es Vögel? Oder Frösche? Oder … Schlangen? Plötzlich flog, aufgeschreckt von der Störung durch uns, ein Schwarm schwarzer Vögel hoch, die wohl im Schilf brüteten. Wir erschraken nicht minder als die Vögel und hielten inne. Die Dämmerung ging allmählich in Dunkelheit über, aber wir setzten unseren Weg fort, bis wir ins Herzogbad gelangten. Das Herzogbad heißt so, weil es der Herzogin Hedwig, der Gemahlin Herzog Georgs des Reichen, im 15. Jahrhundert zur Ruhe und Erholung diente. Aus dem Bach, der Quelle des Sees, schöpfte sie heilkräftiges Wasser. Das wussten wir vom Heimatkundeunterricht. Das Badehaus aber stand schon lange nicht mehr. Heutzutage fällt vor allem eine große Wiese zur Linken des Spazierwegs ins Auge. Daneben fließt ein kleiner Bach, und rechts am Fuße eines Hanges stehen einzelne Häuser. Sie stammen wohl aus der Zeit um 1900, in einem eigenwilligen Baustil, irgendetwas zwischen Landhaus und Villa, nur kleiner. Doch was war mit der Wiese los? Sie war fast nicht mehr zu sehen vor Wohnwagen und Zelten, die sich verstreut darauf niedergelassen hatten. Neugierig näherten wir uns. Wir beobachteten die Wägen und die Menschen, und stellten fest, dass sie irgendwie anders aussahen als wir. Sie waren alle schwarzhaarig und etwas dunkelhäutig, und mit einem Mal dachten wir daran, was eine Nachbarin neulich erzählt hatte: „Zigeuner sind da. Jetzt müssen wir die

Haustüre immer zumachen. Die wollen Teppiche und anderes Zeugs verkaufen. Wer will das schon?“ Das Wort „Zigeuner“ war damals das übliche, ursprünglich nicht despektierliche Wort für Leute, die in Wohnwägen durchs Land fuhren und das Recht hatten, sich auf Gemeindegebiet eine Zeitlang niederzulassen. Oft trieben sie dann Handel mit Teppichen, Geschirr oder Tüchern aller Art. Sie klingelten an den Haustüren und versuchten, ihre Ware zu verkaufen. Manchmal waren sie erfolgreich. Das ging mir jetzt durch den Kopf, das hatte ich schon mal mitbekommen. Hier wohnten diese Zigeuner also, das war ja interessant! Als uns klar geworden war, mit wem wir es zu tun hatten, wurden unsere Schritte zögerlich. Sollten wir uns nicht lieber davonmachen? Etwas ängstlich, schüchtern, aber auch neugierig gafften wir. Und gafften. Denn die Neugierde siegte. Da kam aus dem Halbdunkel ein Mann auf uns zu. Er war stattlich, und aus seinem weißen Hemd ragten schwarze Brusthaare, durchsetzt von einer feingliedrigen goldenen Halskette. Ein goldener Ohrring zierte sein rechtes Ohr. Das war wohl der Chef der Gruppe. „Zigeunerkönig,“ schoss es mir durch den Kopf. Reglos standen wir da, mein Bruder und ich. Er lächelte uns an und fragte, ob wir uns bei ihnen näher umsehen wollten. Wir erschraken und lehnten ab. Da meinte er, wir könnten ja vielleicht zusammen in den nahegelegenen Biergarten gehen, etwas trinken und uns ein bisschen unterhalten. Wir trauten uns nicht, das abzulehnen. Er rief noch einen Freund, der jünger und schmäler war als er, und zusammen gingen wir den kurzen Weg zum Wirtshaus, das recht idyllisch am Ende des Herzogbad liegt. Mein Bruder und ich bestellten uns eine Bluna - eine Orangenlimonade, wie Fanta - und erzählten den beiden Männern von unserem uralten Haus am Fuße der Burg, was wir so spielten und was wir in der Schule lernten. Dabei äfften wir unsere Lehrer nach, sehr zum Vergnügen der Erwachsenen. Irgendwann sagte ich neunmalklug, dass es für uns Kinder gefährlich sein könnte, mit Zigeunern auszugehen; schließlich stünden sie ja nicht bei allen in einem guten Ruf und wer weiß, was da dran sei … Der „Zigeunerkönig“ antwortete freundlich, dass wir uns da keine Sorgen machen bräuchten. Die Zigeuner seien deutsche Staatsbürger wie wir und unsere Eltern und unterstünden denselben Gesetzen wie alle im Land. Sie wollten sich gewiss nichts zuschulden kommen lassen. Wir

Kinder hatten das nicht gewusst und fanden es sehr interessant, wie vieles andere, was wir erfuhren.

Angesichts des immer noch lauernden Gewitters erzählte der jüngere der beiden Männer eine seltsame Geschichte:

Ein Mädchen aus ihrer Gruppe habe einmal, während ein Gewitter erst nahte, einen Stepptanz auf einem Blechfundament aufgeführt.

Da sei plötzlich ein Blitz, nicht ein normaler, sondern ein kugelförmiger Blitz, von rechts herangeeilt, über das Blech gerollt, und im Wald verschwunden, wo er explodierte.

Dem Mädchen sei weiter nichts passiert, es habe lediglich einen Schock bekommen, und weil die Zuschauer ebenfalls sehr erschrocken waren, war der Tanz vorbei.

Der Mann erzählte uns später unter anderem auch noch, er sei eigentlich Türke. Als er sich noch ein Bier bestellte, bemerkte ich vorwitzig, dass er doch wohl Moslem sei und deshalb eigentlich keinen Alkohol trinken dürfe. Da schaute er auf seine Armbanduhr und sagte: „Ja, aber Allah schläft schon" und lächelte mich schelmisch an. Ich musste lachen. Wir unterhielten uns noch eine Weile recht vergnüglich und interessant. Gegen 22 Uhr verabschiedeten wir uns und machten aus, dass wir uns am nächsten Tag nachmittags nochmal am See zum Baden und Kaffeetrinken treffen würden, bevor sie weiterzögen.

Zum Heimgehen nahmen wir jetzt den kurzen Weg durchs Grüne, der dann durch die Stadt führt. Im Herzogbad und dann am See entlang wäre uns nun etwas unheimlich gewesen. War es nur, weil es Nacht geworden war?

Als wir das alles frohgestimmt am nächsten Morgen unserer Mutter erzählten, schlug die die Hände über dem Kopf zusammen und rief, wir sollten es ja nicht wagen, uns nochmal „mit diesen Zigeunern" abzugeben. Mein Bruder und ich waren oft frech und laut, aber letztendlich doch meist folgsam. Und jetzt im Nachhinein beschlich uns doch ein mulmiges Gefühl. Oder war es nur wegen des häuslichen Gewitters, das auf uns niederging? Vielleicht aber hatte Mutter recht und es hätte doch irgendwie gefährlich sein können, sich mit Zigeunern zu treffen? Schließlich standen sie bei den Bürgern in keinem guten Ruf … aber warum? Wieso? Es war doch nichts passiert, wo leicht was passieren hätte können! Es trieb uns um, mich und meinen Bruder, den ganzen Vormittag und den halben Nachmittag. Dann gingen wir los, Richtung See. Wir wollten uns nicht zu den beiden Männern im Strandbad gesellen, nein, wir wollten nur neugierig durch den Zaun linsen, ob wir sie auf der Liegewiese sehen würden.

Das Wiedersehen

So weit nach hinten kamen wir aber gar nicht. Nach dem häuslichen Donnerwetter zog jetzt nämlich mit aller Macht ein natürliches Gewitter heran. Im Südwesten war der Himmel bläulich-schwarz und irgendwo grummelte es bedrohlich. Plötzliche, heftige Windstöße ließen einen nahenden Sturm erahnen. Wir gingen Richtung Eingangspforte. Die Badegäste hielten sich einander bereits das Gatter offen, auf dass jeder möglichst schnell das Weite suchen konnte, sei es zu seinem Haus, Fahrrad oder Auto. Der Wind wirbelte die grünen und gelblichen Blätter und Blütenstände, die vom letzten Sturm übriggeblieben waren, in wilder Fahrt durcheinander. Die Radfahrer bedeckten ihren Kopf schnell mit Handtüchern und Kleidungsstücken, die im Wind flatterten, und eilten durch den einsetzenden Regen zu ihren Fahrzeugen. Das Geklapper von Fahrradständern und Gepäckträgern übertönte für den Moment das immer stärker werdende Donnergrollen. Und da, plötzlich, sahen wir sie, „unsere" Zigeuner! Unter all den Leuten, die es eilig hatten, unter all dem Gewusel und Geschrei schlenderten unsere Freunde von gestern Abend, in ein Gespräch vertieft, durch die Menge. Sie waren es, unverkennbar. Noch hatten sie uns anscheinend nicht gesehen, drum versteckten wir uns schnell zwischen zwei Fahrrädern, die noch nicht abgeholt worden waren. Ob sie wohl über mich und meinen Bruder redeten, dass wir nicht gekommen waren? Vielleicht dachten sie daran, dass unsere Eltern keine weiteren Treffen erlaubten? Amüsierten sie sich gar darüber? Jetzt schämten wir uns, weil wir unser Versprechen nicht eingehalten hatten, und wollten keinesfalls, dass sie uns sahen. Was hätten wir ihnen sagen sollen? Dass es uns verboten worden war, uns mit ihnen zu treffen, und dass wir uns deshalb gleich wieder verabschieden mussten? Dass wir Angst hätten, womöglich schief angeschaut zu werden von unseren Freunden oder Nachbarskindern, wenn sie uns mit den „Zigeunern" in so großer Eintracht sähen? Mit einer Mischung aus Reue und Wehmut schauten wir ihnen nach, wie sie durch das Tor gingen und verschwanden. Durchnässt kamen wir zu Hause an und verzogen uns für den Rest des Tages jeder in sein Zimmer.

Der nächste Tag war strahlend schön, blankgeputzt vom Gewitter, einladend ins Freie. Wir wussten, was wir tun würden. Wir gingen schon vormittags zum Herzogbad. Wir liefen den See entlang, über die Brücke, vorbei am Schilfgebiet, gingen den Weg beim Bach, und dann kam die Wiese. Sie war leer.

Jahre später erklang im Radio öfters das Lied „Zigeunerjunge“ von der Sängerin Alexandra. Jedes Mal kam sofort die Erinnerung an die beiden Zigeuner, die wir als Kinder getroffen hatten, in mir hoch. Diese waren zwar von „bunten Wägen“ und „zottigen Pferdchen“ weit entfernt, sie waren moderne Menschen mit modernen Wohnwägen. Aber die Stimmung jenes Sommerabends umfing mich immer wieder, sobald ich das Lied hörte.

Die Brücke

Zum Einkaufen gingen alle gerne nach Österreich. Es war ein netter Spaziergang über die Brücke am Stadtplatz zu den kleinen Läden da drüben, wo man bestimmte Lebensmittel billiger bekam, wie Schokolade, Butter, Zucker, Bonbons - eigentlich alles, auch Zigaretten, Zigarren und Virginias: eine Art Zigarre, nur viel schmäler und etwas länger. Man durfte allerdings nur eine bestimmte, nicht große Menge zollfrei mitnehmen. Manchmal fragte der Zöllner streng: „Haben Sie was zu verzollen?“ Wenn man mit „Nein“ antwortete, die Menge aber nicht eingehalten hatte, hatte man meistens Glück und wurde durchgewinkt. War alles nicht so streng, zumindest, was die Fußgänger anbelangte. Bei den Autofahrern, vor allem bei fernliegenden oder ausländischen Autokennzeichen, war das anders. Da sah man oft geöffnete Kofferraumdeckel und gründliches Inspizieren. Was da wohl alles drinnen war, dass der Grenzer gar so forsch redete?

Wir waren immer zu Fuß unterwegs. Es war nicht viel, was man für eine vierköpfige Familie dort einkaufen durfte. Meine Tante vom zweiten Stock hatte eine Einkaufstasche aus biegsamem Kunstleder, die zur Verstärkung am Boden ein lose liegendes Rechteck hatte, das aus Pappe war und mit Kunstleder überzogen. Da bot es sich doch an, dieses hochzuheben, die eine Portion Zucker, Mehl, Eier und sonstwas zu verstauen, und es wieder einzubauen, um dann nochmal eine Portion, eine sichtbare, hineinzulegen. Manchmal verlangte der Beamte auf der deutschen Seite, die Tasche zu öffnen, was meine Tante artig tat. Weiter geforscht wurde nicht, und sie konnte passieren. Beim Schmuggeln erwischt wurde sie nie!

Eine lästige Sache waren die Passkontrollen, denn ohne den Ausweis herzuzeigen kam man meist nicht über die Grenze. Die Ausweise waren aus polierter Pappe, zweimal DIN A 7, zum Aufklappen wie ein Büchlein: rechts das Passfoto. Manchmal verlangte der Grenzer, das Bild zu sehen, manchmal war es aber auch genug, nur das geschlossene Dokument herzuzeigen. Oft steckte man es in eine Lederhülle, um es zu schonen.

Meine Tante erwies sich auch bei der Passkontrolle als sehr geschickt. Eines Abends begleitete ich sie zum Einkauf. Kurz vor dem Zollhäuschen kramte sie nach ihrem Ausweis, fand ihn aber nicht. Sie fand nur ihre Lesebrille, die sie zum Einkaufen brauchte. Diese steckte in einem Lederetui, das etwa so breit war wie ein Pass mit Hülle, aber etwas länger. Meine Tante legte ihre linke Hand über die untere Hälfte der Brillenhülle und ging auf die andere Straßenseite, auf dass der Grenzer nicht so genau sehen könnte, was sie da hochhielt. Mit heftigem Nicken und einem fast übertrieben freundlichen „Guten Abend," zog sie, Zustimmung heischend, an ihm vorbei und ging eilenden Schrittes weiter.

Ich hingegen hatte meinen Pass dabei und blieb auf der Straßenseite, wo der Grenzer stand. Flugs schlug ich die Seite mit meinem Passbild auf und hielt es ihm hin, damit er abgelenkt war. Es klappte. Er studierte alles durch, Größe, Wohnort, Geburtsdatum, und ließ mich passieren. Ich ging in einigem Abstand der Tante hinterher. Erst auf der österreichischen Seite trafen wir uns. Wir lächelten uns an. Mehr wagten wir nicht. Denn auch hier gab es einen Grenzbeamten. Der winkte uns aber nur durch. Auf dem Rückweg geschah das Gleiche. Aber da konnten die Beamten sich wohl noch an uns erinnern; lange dauerte so ein Einkauf ja nicht. Glück gehabt!

Und wenn nicht, dann hätte meine Tante immer noch sagen können, sie hätte wohl ihre Brille mit dem Ausweis verwechselt …

Nicht nur Lebensmittel waren billiger, auch das Ausgehen lohnte sich. Die Speisekarten waren nicht umfangreich, das Weinangebot auch nicht, aber das Essen war gut, und der Wein noch besser. So mancher, der das gar nicht vorhatte, hatte bald einen „Affen", also einen Rausch, weil ihm das Getränk gar zu gut schmeckte und die Stimmung immer besser wurde. Im Weinhaus gleich nach der Brücke, etwas an einem Hang gelegen, gab es Gulasch, Debreziner mit Meerrettich und reschen, würzigen Brötchen, Kaiserschmarrn - recht viel mehr war es nicht. Wenn man Besuch hatte, insbesondere die norddeutsche Verwandtschaft meiner Mutter, war es ein Muss, nach Österreich zum Essen zu gehen. Man wollte ihnen schließlich etwas bieten. Für die Leute aus dem Norden war das alles ganz exotisch und Wein trauten sie sich kaum, zu trinken. Bei ihnen wurde nur Tee oder Kaffee getrunken. Ob das wohl am

Protestantismus lag? Aber es war wenigstens ein Ausflug, ein Tapetenwechsel für die „Preußen“.

Anders war das bei der bayrischen Verwandtschaft. Es lebte noch eine Schwester meiner Großmutter in Dachau, schon lange verwitwet, aber nichtsdestoweniger lebenslustig und neugierig. Zu uns kam sie nur einmal zu Besuch, wenn ich mich recht erinnere, und natürlich griff da wieder das Standardprogramm für Besucher. Zumal man wusste, dass Tante Peppi, wie wir sie nannten, allem Kulinarischem zugetan war, insbesondere Bier und Wein. Nach einem langen, genussvollen Abend mit lustiger Unterhaltung, die vor allem von der Tante und meinem Vater bestritten wurde, schwankte die Gesellschaft über die Brücke nach Deutschland. Wir Kinder schwankten natürlich nicht; wir hatten eine gute Kräuterlimonade bekommen. Gut, dass die Brücke ein ausreichend hohes Geländer hatte! Die Tante lachte und lachte, gestützt von meinem Vater und meinem Onkel, so recht und schlecht.

Wir näherten uns dem hölzernen Wachhäuschen, in dem immer ein bis zwei Grenzbeamte ihren Dienst taten. Einer machte die Passkontrolle, einer die Zollkontrolle, manchmal machte einer alleine beides, je nach Verkehr. Etwas weiter vorne, angebaut wie ein Erker an ein großes Haus, befand sich ein Büro, falls die Beamten einmal ausführlicher tätig werden mussten. Das war oftmals der Fall bei Autos oder Lastwägen aus entfernteren Gegenden. Da stand er nun, der Grenzer, groß, breitbeinig, und schien schon auf uns zu warten.

„Haben Sie etwas zu verzollen?“ fragte er Tante Peppi mit ernster Miene. „Ja, einen kleinen Affen!“ rief sie und kicherte „hi hi hi“. Ich weiß nicht mehr, welches Gesicht der Grenzer dazu machte, ich weiß nur noch, dass er uns alle anstandslos passieren ließ. Ein paar Minuten später, am Stadtplatz auf der deutschen Seite, sagte mein Vater zu Tante Peppi: „Jetzt weiß ich nicht recht, wer da wen auf den Arm genommen hat, du den Grenzer, oder aber er dich! Normalerweise hätte er wohl nicht nach einer Verzollung gefragt, weil es doch ersichtlich war, dass wir nur von einem Lokalbesuch drüben kamen, denn die Läden waren ja längst geschlossen. Aber der Anblick von so einer besoffenen Gesellschaft reizte ihn sicherlich zu einem kleinen Spaß …„ Tante Peppi konnte der Logik nicht mehr folgen; sie kicherte und gluckste nur noch, bis sie zu Hause ins Bett fiel.

Hochwasser

Es passierte nicht oft, nicht jeden Sommer, auch nicht alle paar Jahre. Aber als Kind erlebte ich es zwei Mal im Abstand von fünf Jahren: Hochwasser! An das erste kann ich mich wohl nicht so recht erinnern. Ich verwechsle meine vermeintlichen Erinnerungen oder Eindrücke vielleicht mit dem zweiten Ereignis, als ich neun Jahre alt war. Ein Blick ins Archiv der Stadt zeigt folgendes:

„Das Hochwasser vom August 1959 war mit einem maximalen Pegelstand von 8,14 Metern eines der höchsten in der neueren Zeit. Der höchste jemals gemessene Salzachstand … stammt noch aus der Renaissance, genauer gesagt aus dem Jahr 1598 (12,28 Meter Wasserstand) …“

Tagelanger Regen in Verbindung mit heftiger Schneeschmelze in den Bergen bewirkten wohl, dass der Fluss, von den Bergen kommend, schließlich über die Ufer trat. Ich glaube aber mich zu erinnern, dass das Wasser auch aus den Kanaldeckeln sprudelte.

Die Hauptstraße, die an unserem Haus vorbeiführte, war jedenfalls gerade hoch genug überschwemmt, dass die Metzgerburschen von der Metzgerei ein paar Häuser weiter vorne in einem Schweinetrog Richtung Fluss paddelten. Sie benutzten Schaufeln als Ruder und waren guter Dinge. Auch wir Kinder waren guter Dinge und lachten ob des großen Spaßes. Zufällig war mein 14-jähriger Cousin aus Bermatingen am Bodensee bei uns auf Besuch. Da hatte er gleich ein tolles Ferienerlebnis! Er schaute eine ganze Zeit zu, schüttelte ungläubig den Kopf und sagte: „Sowas gibt‘s nur in Bayern!“

Die Erwachsenen waren da zurückhaltender. Zwar waren die Häuser der Hauptstraße nicht unterkellert, so dass etwaige dort aufbewahrte Gegenstände keinen Schaden nehmen konnten, aber wer weiß, was noch kommen würde …

In der Tat, auch in unser Haus lief etwas Wasser. Es war nicht viel, etwa drei Finger hoch, und es verlief sich nach hinten im Gewölbe Richtung Burgberg. Es reichte jedoch, um unseren alten, etwas morschen Holzboden im Parterre gänzlich unbrauchbar zu machen. Das stellte sich aber erst im Nachhinein heraus. Und was sich außerdem noch herausstellte, machte den Schrecken noch größer: als der alte Boden entfernt war, sah man, dass die darunterliegenden Wasserrohre verrostet waren. Das kostete Vater eine Stange Geld. Jetzt kam er nicht mehr drum herum, er musste einen Kredit aufs Haus aufnehmen.

Ich erschrak zwar, als ich das Wasser in unserem Hausgang sah, und wartete eine Zeitlang, ob es womöglich immer mehr würde. Als ich sah, dass das nicht der Fall war, war ich beruhigt. Nun siegte wieder einmal die Neugierde über alle Bedenken und Ängste. Auch meiner Tante vom zweiten Stock schien es so zu gehen. Sie kam mit alten Gummistiefeln, die sie im Dachboden aufbewahrt hatte, die Treppe runter, und forderte mich auf, mitzukommen zum Fluss. Ich zog die Stiefel an, die mir zu groß waren - egal, was soll's - und begab mich mit ihr zum Hauptschauplatz. „Am Platzl" hieß die Örtlichkeit damals. Dort war die Häuserreihe durchbrochen. Links stand das Schlachthaus, rechts ein Wohnhaus mit einem Wolle- und Kurzwarengeschäft; später wurde das Haus zu einem höheren umgebaut und beherbergte das Schöpfwerk. Die große Lücke zwischen diesen beiden Häusern gab den Blick frei auf den Fluss - unter normalen Umständen ein idyllischer, gemütlicher Ausblick.

Meine Tante ging mit mir das kurze Stück Straße, das nur wenig überschwemmt war, bis zu dem Ausblick. Nun bot sich hier ein ganz anderes Bild: Lehmig-braune Wassermassen zogen an unseren Augen vorbei, rasend schnell, unglaublich, unheimlich, kaum mehr wellenförmig, sondern pfeilartig, böse. Sie führten allerhand ganze oder halb-kaputte Gegenstände mit sich. Ein halber Baum schwamm vorbei, ein dreibeiniger Küchenhocker, einige Obstkisten, Metallteile undefinierbarer Herkunft, und noch so manches, was man nicht so recht einordnen konnte, was aber definitiv nicht in einen Fluss gehört. Stumm, ungläubig, fast ehrfürchtig schauten wir dem Treiben zu. Den anderen Leuten, die inzwischen aus allen Ecken gekommen waren, ging es nicht anders; das sah man an ihren Gesichtern. Die bange Frage hing unausgesprochen in der Luft: Wird das Wasser wohl noch höher steigen? Ungerührt flossen die Wassermassen weiter. Und da, plötzlich, glitten auch schwarze Schlangen - wohl unfreiwillig - in den Wogen daher! Ich tat einen leisen Schrei und hielt mir die Hand vor's Gesicht. Langsam schaute ich wieder zwischen meinen Fingern durch. Da! Da waren wieder welche. Ich schaute ängstlich zu meiner Tante auf und zeigte auf die Wellen. Sie lachte und sagte, das seien Aale. Das seien Fische, keine Schlangen. Ich war verwirrt. Von Aalen hatte ich schon gehört, daran erinnerte ich mich jetzt, aber nur im Zusammenhang mit Essen. Dass die so aussahen wie diese Tiere, vor denen ich einen Horror hatte, wusste ich nicht. Ich beschloss, nie im Leben Aal zu essen.

Meine Tante zeigte nach rechts zu der Straße, die parallel zum Fluss verlief. „Schau nur, die Armen!“ sagte sie. Die vertrauten, kleinen Läden, das Wollgeschäft, der Bäcker, daneben das Milchgeschäft, wo ich immer mit einer Kanne aus Aluminium zum Milchholen geschickt wurde - alle standen bis zum halben Erdgeschoss im Wasser. Diese Häuser waren, anders als die in der Hauptstraße, unterkellert, und die Vorräte lagerten dort unten. Nun waren sie alle zerstört, zu Brei geworden, dem Verschimmeln ausgesetzt. Was für ein Schaden für die Besitzer, die mit ihren kleinen Geschäften sicherlich kein Vermögen anhäuften. Sie kamen über die Runden, indem sie das Stadtviertel mit Lebensmittel versorgten, und die Kunden kamen über die Runden, indem sie gute Ware zu fairen Preisen bei ihnen einkauften. Nicht mehr und nicht weniger. Milch in Aluminiumkannen, Käse und Eier in Papier, kein Plastik. Was würde nun werden? Obendrein war es ihnen fünf Jahre früher ähnlich ergangen. Den erwachsenen Zuschauern des Spektakels trieb es fast die Tränen in die Augen.

Wir wendeten uns ab und gingen weiter die enge Hauptstraße entlang Richtung Stadtplatz und alte Brücke. Wie an einer Perlenschnur aneinandergereiht konnte man dort ebenfalls viele kleine Läden und Handwerkstätten sehen. Es gab einen Schuster, der am offenen Fenster arbeitete, ein Gewölbe im Erdgeschoss eines Hauses am Burghang, wo Gemüse verkauft wurde, einen Strumpf- und Unterwäscheladen, die Weißbierbrauerei mit Wirtshaus, einen Schreiner, bei dem man auf der Stelle und persönlich etwas bestellen konnte, einen Bäcker, einen Metzger, und, und, und ... Da war Leben in der Altstadt, das alltägliche Leben - damals, im Jahre 1959. Diese Ladenbesitzer hatten Glück damit, dass ihre Häuser keinen Keller hatten. So blieben ihre Waren verschont. Aber im Erdgeschoss hatten auch sie das Wasser stehen.

Das war das letzte „Jahrhunderthochwasser“, das meine Stadt erlebte, obwohl erst zehn Jahre später mit dem Bau einer Uferstraße begonnen wurde - zum Segen aller - und bis dato hat es keine Überschwemmung mehr gegeben. Die ganze Altstadt wurde in den folgenden Jahren saniert und damit begann der Tourismus, der zwar Geld brachte, aber manche Idylle verschwinden ließ. So ist das wohl mit allen alten Städten.

Ein Unglück

Die alte Brücke war ein wichtiges Bauwerk in der Stadt. Da sie von den letzten Hochwassern arg mitgenommen war, beschloss man, eine neue Brücke zur Entlastung zu bauen, zwei Kilometer südlich. Es waren Pioniere, die das technische Know-how hatten, mit Hilfe mehrerer Pontons die Brücke hochzuziehen.

Es war ein etwas kühlerer Sonntagnachmittag. Unsere ältere Cousine Anna hatte meinen Bruder und mich zu einem Spielenachmittag im Internat der Salesianer mitgenommen. Wir lernten dort neue Spiele kennen, die wir teils mitspielten, teils amüsiert beobachteten, vor allem, wenn größere Kinder etwas vorführten. Es galt, einen Begriff zu erraten, den eine Pantomime darstellte. Fünf Kinder gingen hintereinander im Kreis im Zimmer einher, das letzte Mädchen kaute an einem Stück Brot. Wie hieß der Begriff? "Die letzte Frist"! Ein anderes Spiel ging so: Jemand musste versuchen, ein paar nebeneinander sitzenden Kindern je einen Fuß auszureißen, oder sich zumindest darum bemühen. Was der Spieler nicht wusste, war, dass das letzte in der Reihe noch einen künstlichen Fuß hatte. Dieser war aus alten Kleidern und Tüchern, die in einen Nylonstrumpf gestopft waren, und einem Schuh hergestellt worden. Er wurde so drapiert, dass der ahnungslose Spieler verlockt wurde, an ihm zu ziehen. Das tat er mit Vehemenz, wie zuvor bei den anderen - nur, dass er diesmal den "Fuß" in der Hand hatte und durch die vermeintlich zu tätigende Anstrengung nach hinten fiel und dumm aus der Wäsche schaute. Das löste homerisches Gelächter bei den Zusehenden aus - und den Wunsch nach mehr Schabernack. Zwei Kinder in Nachthemden erschienen. Sie wollten eine Kerze ausblasen, konnten es aber nicht wegen einer Fehlstellung des Mundes. Eines hatte das Kinn zu weit vorne, eines zu weit hinten, natürlich nur gemimt. Da kam locker einer dazu mit einem normalen Mund und zeigte den beiden, wie das geht, und die mimten dann ein recht blödes Geschau. Das Gelächter und der Übermut nahmen kein Ende.

Da riss plötzlich jemand die Türe auf und rief: "Der Ponton kommt! Er hat sich aus der Verankerung gelöst und kommt auf die Brücke zu!" - Es war klar, dass wir uns dieses Spektakel ansehen mussten, und zwar aus möglichst großer Nähe. Dass die Loslösung des Pontons auch mit irgendeiner Gefahr verbunden sein könnte, kam uns gar nicht in den Sinn. Unsere Cousine hatte da sofort eine Idee. Am Stadtplatz, auf der Flussseite, stand ein stattliches Haus, ein Kloster des Ordens "Englische Fräulein". Darin befand sich auch eine von den Nonnen geleitete Realschule, die meine Cousine vor Jahren besucht hatte. "Los, da laufen wir hinüber, da bekommen wir einen schönen Fensterplatz!" rief sie. Sie konnte sich an die Örtlichkeiten erinnern und fühlte sich außerdem wohl immer noch berechtigt, sie zu betreten.

Als wir ankamen, stellten wir fest, dass andere auch auf diese Idee gekommen waren. So voll war das Kloster an einem Sonntag wohl schon lange nicht mehr! Aber wir bekamen unseren Fensterplatz. Lässig lehnten wir uns auf die Fensterbank und ließen unseren Blick gen Süden schweifen, wo die neue Brücke entstehen sollte. Und da kam er schon daher, der Ponton: Eine künstliche Betoninsel mit einem hohen Kran drauf. Er glitt relativ schnell dahin, groß, bedrohlich, unglaublich. Und dann machte es folgerichtig „Ratsch" und die alte Brücke war entzwei. Sie sank in sich zusammen. Es war wie Kino. Obwohl wir es hatten kommen sehen, waren wir einen Moment fassungslos. Ein Gemurmel ging durch die Reihen der Zuschauer, auch der eine oder andere Schrei. Aber dennoch, alles in allem hatte das Schauspiel gefallen; mit einem wohligen Gruseln hatten es alle letztendlich genossen. Es war schließlich kein Mensch zu Schaden gekommen.

Nur mein Bruder hatte es nicht genossen, wie er mir später erzählte. Unsere Eltern hatten sich während des Spektakels auf der anderen Seite des Flusses befunden, in einem vielbesuchten Gasthaus, mit unserer kleinen Schwester und Verwandten. Ich wusste, dass es ein paar Kilometer weiter nördlich noch eine Brücke gab und ich vertraute fest darauf, dass Busse eingesetzt würden, um die Leute in unsere Stadt zurückzubefördern. Was auch geschah. Mein Bruder aber dachte an so etwas nicht, sondern hatte fürchterliche Angst, unsere Familie nie wiederzusehen. So waren wir, bei all den gemeinsamen Unternehmungen und Abenteuern, doch oft verschieden.

Im Strandbad

Bald reizte uns Kinder das schicke Strandbad mehr als das sportlich-einfache „Herrenbad". Hier wurde von den Damen und Herren im Teenageralter sonnengebadet und geschäkert, „Bravo" gelesen oder Modemagazine wie „Burda" und andere, und nicht zu oft geschwommen. Dabei wäre man ja nass geworden und die Illustrierte auch, in der so essentielle Sachen standen wie, ob man von einem Zungenkuss schwanger werden kann und welches die Modefarben in Nagellack diesen Sommer sind.

Mein Bruder und ich waren noch einiges jünger, beobachteten dieses Treiben aber mit teils belustigtem (der Bruder), teils ernstem (ich) Interesse.

Wenn unsere Cousine, die schon Anfang zwanzig war, mit ihren Freundinnen auf dem gepflegten Rasen, etwas abseits von anderen, lagerte, und wir sie erblickten, liefen wir freudestrahlend auf sie zu. Da ließ sich eine der Damen vernehmen: „Da denkt man, man hat mal seine Ruhe im Strandbad, da kommen schon ein paar so Bankerte daher, und was für Bankerte sind's? Die Nachbarsbankerten!" Wir fanden das so lustig und treffend, dass wir es ihr nicht übelnahmen. Es war ja auch gar nicht so böse gemeint und die Damen mussten selber lachen. Sie ließen uns bei sich sein - immer wieder.

Inzwischen hatten wir das Schwimmen im tiefen Wasser so oft geübt, dass wir vom Strandbad aus ziemlich weit hinausschwimmen konnten. Da gab es dann Stellen, wo die Schlingpflanzen so hoch wurden, dass sie einen am Bauch kitzelten oder sich gar um die Beine schlangen. Das war mehr ekelig als schaurig-schön! Mit der Zeit wusste man, wo diese Stellen waren und manövrierte um sie herum. Weiter hinten, am Nordufer des Sees, war der Wildwuchs noch stärker. Es gab dort aber auch wunderschöne, weiße Seerosenfelder mit ganz großen Blüten, die man nicht zerstören durfte.

Auch die Ruderer mussten vorsichtig sein. Manche sportlichen Schwimmer schwammen vom „Herrenbad“ im Süden bis kurz vor dieses Gebiet. Theoretisch hätte ich das auch gekonnt, aber mir graute ein bisschen vor den Tieren, die dort ihr Refugium hatten, wie zum Beispiel die übergroßen Karpfen und Hechte, Frösche oder, noch schlimmer, Ringelnattern oder sonstige Schlangen. Ich hatte nämlich einmal zufällig bei einem Spaziergang um den See so ein Kriechtier gesehen, das sich vom Weg elegant über die kleine Böschung ins Wasser gleiten ließ. Nicht auszudenken, wenn mir so eine beim Schwimmen begegnet wäre! Es hätte schon gereicht, wenn einen ein großer Fisch gekitzelt hätte!

Mit der Zeit kamen Luftmatratzen in Mode. So etwas mussten wir natürlich auch haben. Onkel und Tante schenkten uns eine, für uns beide, mich und meinen Bruder. Und schon ging die Streiterei los. Wir bekamen von den beiden oft schöne Sachen geschenkt, aber immer nur ein Stück, ein Märchenbuch, einen Roller, ein elektrisches Schiffchen, auf dass wir die edle Kunst des Teilens lernen möchten. Taten wir aber nicht. Onkel und Tante waren selbst kinderlos und hatten falsche Vorstellungen von den Folgen ihrer edlen Tat. Aber was die Luftmatratze anbelangt, gab mein Bruder bald klein bei. Vielleicht fand er es eher albern, auf so einem Ding bewegungslos liegend, nur mit den Händen ab und zu das Wasser bewegend, dahinzudösen. Mit Wassersport hatte das rein gar nichts zu tun! Ich aber genoss das Sonnenbaden, von nichts als der Weite des Meeres umgeben. Ich konnte sehr faul sein - wenn ich wollte. Und außerdem ließ die Matratze sich gut als Liege im Gras verwenden, sogar als Sessel, wenn man sie in der Mitte umknickte und die beiden Mittelteile mit einer Lasche verband. Das galt als besonders schick. Nicht, dass man darauf besonders bequem gesessen hätte, denn die „Rückenlehne“ gab immer nach, wenn man sich richtig zurücklehnte, und das Kopfteil, das zur Sitzfläche geworden war, war irgendwie immer zu hart oder zu weich. Aber was machte das schon? Hauptsache, man hatte das begehrte Teil, das nicht jeder hatte.

Im freien Fall

Nur einmal wurden wir unserem See untreu, mein Bruder und ich. Ein älterer Freund meines Bruders aus der Nachbarschaft erzählte uns von einem neuen Schwimmbad, das man in einer nahegelegenen Kleinstadt eröffnet hatte. Die Sensation dort sei ein Zehnmeterbrett. „Da müssen wir hin!“ kommandierte er. Und so latschten wir die zwei Kilometer bergauf zum Bahnhof, fuhren mit dem Zug sieben Kilometer zu der Nachbarstadt und liefen dann noch ein beträchtliches Stück zum Bad. Ein Auto hatte damals kaum jemand in unserer Nachbarschaft, und die Frauen hätten auch keinen Führerschein gehabt, um ihre Kinder zu den diversen Freizeitaktivitäten zu fahren.

Schon von weitem sahen wir den Sprungturm über die Büsche der Umzäunung ragen. Als wir wenig später daneben standen, sah er zwar hoch aus, aber so gigantisch dann auch wieder nicht. Dachte ich. Ich musste mir das auch von oben anschauen und vielleicht – ja, vielleicht - würde ich springen. Wenig später stieg ich beherzt die Leiter hinauf. Oh! Von oben sah das schon ganz anders aus! Das Wasser schien unendlich weit unten zu sein, wie in einer tiefen Schlucht. Ich schaute vom Ende des Bretts in die Tiefe und mir wurde fast schwindelig. Nein, da würde ich nicht hinunterspringen. Ich drehte mich um, um die Leiter wieder hinunterzusteigen - da stand der Freund meines Bruders breitbeinig vor mir, versperrte mir den Weg und grinste: „Über die Leiter kommst nicht nach unten, da musst du schon springen!“ Herrje, sollte ich also wirklich springen? Oder sollte ich ihn so lange betteln, bis er mich zur Leiter vorbeiließe und mich vor allen hinten Anstehenden blamieren? Aber da machte der Bademeister alle meine Überlegungen zunichte. Er gab nämlich das Kommando für den Sprung vom Zehnmeterbrett, indem er beide Arme hochhob. Es musste zügig gehen, denn viele warteten schon hinter mir. Dazwischen gab es immer das Kommando für den Sprung vom Siebenmeterbrett: Ein Arm hoch. Das ging ruck zuck. Nun blieb mir keine Wahl mehr. Ich ging ganz nach vorne, hielt mir die Nase zu, schloss die Augen und sprang eine Kerze. Die ersten zwei bis drei Meter fühlte sich der Fall noch gut und leicht an, aber die restlichen Meter schienen endlos. Ich hatte das Gefühl, ich löste mich in tausende Atome auf, die irgendwo ins Nichts zerstoben. Und irgendwo war ein Ziehen an meinem Körper, das fast schmerzte. Meine Organe bewegten sich rasend schnell Richtung Kopf und darüber hinaus, irgendwohin. Das Gefühl der Schwerelosigkeit, wie man es beim Autofahren manchmal erlebt, wenn das Auto in einer bestimmten Geschwindigkeit über eine Bodenwelle in der Straße fährt, ja, das war es, was ich empfand. Ich mochte das beim Autofahren schon immer nicht und hier war es viel intensiver. Anders, als das Wort „Schwerelosigkeit" vielleicht suggeriert, ist das Gefühl nicht leicht und schön, sondern furchtbar. So jedenfalls war mein Empfinden.

Nach einer gefühlten Ewigkeit tauchte ich im Wasser ein. Nun war alles wie sonst, wenn ich vom Dreimeterbrett unseres Sees gesprungen war. Ich schwamm zum Ende des Beckens, legte die Arme über Kreuz auf den Rand, und atmete eine ganze Zeitlang aus. Ich musste mich von dem Abenteuer erholen. Da tauchte der Freund meines Bruders auf und grinste. Ich war so froh, den Sprung „überlebt" zu haben, dass ich ihn gar nicht ausschimpfte, obwohl er mich schließlich zu dem Sprung genötigt hatte. Ich mochte dann aber nicht länger in dem Bad bleiben und fuhr alleine mit dem Zug nach Hause. Dabei wurde ich das komische Gefühl nicht los, irgendwie von den beiden Jungs hereingelegt worden zu sein.

Ich hatte nicht gesehen, dass die gesprungen waren …

Die Gitarre und das Meer

Als die Ära des Sägeleimofens vorbei war, bestand für meinen Vater nicht mehr die Notwendigkeit, gleich nach der Arbeit nach Hause zu kommen, um den Ofen zu stampfen. Und so machte er gerne einen Umweg über eine nahegelegene Kneipe, bevor er sich in häusliche Gefilde begab. Es war eigentlich eine gemütliche, kleine Kneipe, aber aus einem mir unerfindlichen Grund galt sie als zwielichtig. Sie hieß „Zur blauen Traube". Was konnte daran schon verkehrt sein? Vater zog es öfter in diese Kneipe, als meiner Mutter lieb war, und es gab immer wieder Streit deswegen. An den Mittwochen ab viertel nach sieben am Abend versammelten meine Mutter, mein Bruder und ich uns vor dem Radio, um Fred Rauchs Sendung „Sie wünschen - wir spielen Ihre Lieblingsmelodien" zu lauschen. Zuerst kam Volksmusik, dann die neuesten Schlager. Es war das Highlight der Woche, denn Fernseher hatten wir keinen. Das war ein Abend, an dem Vater garantiert nicht nach Hause kam, weil er diese Art von Musik verabscheute. Nur klassische Musik war für ihn Musik, alles andere war „Gedudel". Wenn er nach der Sendung immer noch nicht zu Hause war, sagte meine Mutter zu mir: „Jetzt darfst ihn holen, der kommt schon wieder nicht." Also stapfte ich los. Ich tat das gar nicht ungern, denn ich konnte damit zum Familienfrieden und zur Haushaltskasse beitragen. Aber was mich wirklich reizte, war etwas ganz anderes: Die Kneipe hatte eine Musikbox! Das war quasi eine Kommode, etwa einen Meter dreißig hoch, achtzig Zentimeter breit, und vielleicht siebzig Zentimeter tief. Anders als ein Möbelstück war sie aber aus buntem Stahl mit Silberstreifen und aus Glas und glitzerte verheißungsvoll in einer Ecke. In der Glaskuppel befand sich ein Rad, das aus lauter aneinandergereihten, kleinen Schallplatten bestand. Wie ein Küchenbüffet, nur statt der Torten eben Schallplatten.

Zwischen dem Glas und dem Metallsockel befand sich außen eine breite Tastatur mit einer Reihe Zahlen und einer Reihe Buchstaben, und eine Liste der Schallplattentitel und ihrer Kombination. Wenn man nun zum Beispiel „Am Tag als der Regen kam" hören wollte, tippte man auf die Taste „4" und auf die Taste „A". Es war faszinierend zu sehen, wie alsbald das Rad sich ratternd drehte, bis die Kombination erreicht war, eine der vielen Platten sich waagrecht auf den Plattenteller senkte und von einem kleinen metallenen Arm bespielt wurde.

Wenn ich in die Kneipe trat, begrüßte mein Vater mich freudig und versicherte mir, er werde gleich mitkommen, wenn er sein Bier ausgetrunken habe. Als Belohnung für mein Kommen spendierte er mir eine Mark für die Musikbox. Dafür konnte man drei Schlager hören. Ich freute mich sehr darüber, denn ich selbst besaß keine Schallplatten. Eine kleine Platte kostete fünf Mark; das war zu teuer. Ich warf also die Mark ein und wählte drei Lieblingssongs. Das Rad ratterte verheißungsvoll, die Platte legte sich horizontal und der Arm berührte sie am Rand. Ein leises, geheimnisvolles Trommeln kam, und dann erklang Freddy Quinns schöne, dunkle Stimme mit „La Guitarra Brasiliana“. Mit einem Sehnsuchtsschluchzer, seinem Markenzeichen, endete das Lied. Ich schmolz dahin. Vater entging das nicht, und schnell bestellte er sich noch ein Bier. Die schwarzgelockte, dunkelhäutige Kellnerin mit den großen, goldenen Kreolenohrringen freute sich mit mir und lächelte mich freundlich an. Dann kam das nächste Lied. Ich schwärmte eine Zeitlang nur für Freddy Quinn. Daher ertönte jetzt „Die Gitarre und das Meer“. Ich bekam eine Cola für den perfekten Genuss.

Als das Lied aus war, schaute ich mal zur Theke. Da war Vater mit einem Mann im Gespräch. Er stellte ihn mir vor als einen Monteur vom Rheinland und es sei sehr interessant, was der so zu erzählen habe. Konnte ja sein. Mein Vater war Maschinenbauingenieur in der Chemiefabrik unserer Stadt, die unser aller Ernährer war, ja beinahe des ganzen Landkreises. Die rheinischen Monteure waren wohl Spezialisten im Kesselbau. Klar, dass für Vater das interessant war. Inzwischen war das dritte Lied zu Ende und es wäre ein günstiger Zeitpunkt zum Heimgehen gekommen. Aber Vater musste seinem weitgereisten Gesprächspartner jetzt ein Bier spendieren. Es wäre unhöflich gewesen, ihn das alleine trinken zu lassen, drum spendierte Vater sich ebenfalls eine Halbe und mir noch fünfzig Pfennige für die Musikbox. Er musste schließlich davon ausgehen, dass mich das Gespräch der beiden Herren nicht so sehr interessierte. Die Kellnerin freute sich wohl für mich, dass ich mir noch einen Song anhören durfte, und lächelte mich freundlich an. Eine Mark später verabschiedete sich der Monteur, und ich nahm Vater sanft am Arm. Das Bier war leer. Die Kellnerin nickte mir freundlich zu, und auch Vater wurde freundlich verabschiedet - nicht ohne ein „Bis zum nächsten Mal!“ Dann gingen wir zusammen heim. Schön war's! Für uns beide.

Die andere Musik

Nicht immer gingen die Abende so harmonisch aus. Es kam vor, dass Mutter mich nicht losschickte, um Vater abzuholen, oder dass ich einmal nicht weggehen wollte. Dann kam Vater erst spät heim, angetrunken, aber noch nicht bettreif. Er war noch so energiegeladen, dass er „einen draufsetzen“ musste. Dazu legte er eine Schallplatte auf, setzte auf lauter als Zimmerlautstärke und dirigierte, entweder zu Beethovens Neunter Sinfonie oder zur „Champagnerarie“ aus „Don Giovanni“. Von seiner Schwester hatte er einmal einen schöngeschwungenen Dirigentenstab aus glänzendem, schwarzem Holz mit einer Elfenbeinspitze geschenkt bekommen. Den liebte er. Ich hörte die laute Musik von meinem Zimmer aus, aber noch lauter hörte Mutter sie, da das Schlafzimmer an das Wohnzimmer angrenzte und die Tür nicht ganz abschloss. Mutter riss die Schlafzimmertür auf und beschimpfte Vater wutentbrannt. Sie rief, er solle sofort mit der Musik aufhören, zu Bett gehen, und auf die Kinder Rücksicht nehmen; die bräuchten schließlich ihren Schlaf. Und was wohl die Nachbarn dächten; man müsse sich ja schämen. Jetzt war ich hellwach. Neugierig schlich ich mich aus meinem Zimmer, den Gang entlang zum Wohnzimmer, machte leise die Tür auf und sah, wie meine Mutter Vater den Taktstock aus der Hand riss und in eine Ecke schleuderte. Solche Ausbrüche des Jähzorns waren eigentlich nicht ihre Art. Ich erschrak. Als sie mich sah, erschrak sie ihrerseits und ging ins Schlafzimmer zurück. Vater setzte sich auf die Couch und sank in sich zusammen. Den Kopf fast auf den Knien saß er wortlos da. Er schaute mich nicht an. Vielleicht hatte er mich gar nicht bemerkt. Es wäre mir lieber gewesen. Ich ließ ihn so sitzen, etwas ratlos, und ging ins Bett.

Die Routine des nächsten Tages breitete den Mantel des Vergessens darüber. Ich fühlte mich ausgeschlafen, frühstückte und machte mich guter Dinge auf den Weg zur Schule. Ob meine Geschwister etwas mitbekommen hatten? Wir redeten nie darüber. Ein neuer Tag lag vor mir, frisch, unbescholten, sicherlich freigiebig mit guten Dingen. Alles war für mich in Ordnung. Was zuvor war, war allenfalls ein schlechter Traum, über den ich nicht weiter nachdachte.

Man wächst als Kind in nur einer Familie auf, nicht in mehreren; somit hat man keinen Vergleich und hält das für normal, was man tagtäglich erlebt. Man ist mehr oder weniger liebevoll eingebunden in das familiäre Netzwerk und vertraut blind darauf, dass schon alles seine Richtigkeit hat, auch die weniger schönen Dinge.

Und noch etwas „rettet" einen als Kind: Man hat die Gabe, im Hier und Jetzt zu leben - weder trauert man über Vergangenes, noch blickt man ängstlich oder skeptisch in die Zukunft. Das Kind ist noch unverbraucht. Die Schatten haben sich noch nicht auf der Seele für immer festgesetzt. Schade, dass man im Laufe des Erwachsenenlebens verlernt, nur den Augenblick zu genießen. Es ist wie ein Naturgesetz. Durch Therapien aller Art versucht der Erwachsene, diese Fähigkeit der Kindheit wieder zu erlernen. Wenn das gelingt, dann ist es meist nicht für die Dauer. Ich persönlich habe es nie erlernt. Manchmal frage ich mich allerdings, ob ich es ernsthaft versucht habe.

Der Herbst

September. Sep - tem - ber. Wie ich dieses Wort hasste! Schon der Klang verhieß nichts Gutes. Er war so hart mit dem „p" und dem „t" in der Mitte, und dem strengen „r" am Schluss, anders als der geschmeidige Klang des Juli, oder der lustige Klang des August. Und der Zischlaut am Wortanfang machte den Monat auch nicht besser. Noch übler als das Wort an sich, waren die Dinge, die dahintersteckten: Die Freuden im Freien und beim Baden, die endlos langen Tage des Sommers waren vorbei. Pünktlich am ersten des Monats schloss die Eingangspforte zum See. Die Luft fühlte sich nicht nur deutlich kühler an, sie war auch anders. Brachte der Wind im Sommer einen angenehm frischen Duft und eine willkommene Abkühlung, so roch es jetzt nach einer Mischung aus Feuchtigkeit, faulenden Blättern, Metall, einem Hauch von Holzfeuer und was weiß ich noch allem. Sogar die Pflastersteine und die Mauern der Häuser rochen anders. Und die Schule drohte. Nicht, dass ich Probleme mit dem Stoff oder den Klasskameraden gehabt hätte. Eigentlich, musste ich mir eingestehen, war ich immer ganz gerne da hingegangen. Aber jetzt konnte ich mir das gar nicht mehr vorstellen! Ich mochte den Wechsel einfach nicht. Er bedeutete: Keine heißen, zeitlos langen Tage mehr, kein Baden und Schwimmen im See mehr, sondern frühes Aufstehen, auf die Uhr Schauen, Beeilung, Pflichten, Disziplin - jeder Tag gleich. Kurz gesagt: Der Herbst bedeutete für mich den Verlust grenzenloser, genussvoller Freiheit. Meine Melancholie verwandelte sich in Zorn, wenn meine Tante - die, die im zweiten Stock in unserem Haus wohnte - jeden zweiten Tag zu mir und meinem Bruder sagte: "Aber nächste Woche, meine Lieben, weht ein anderer Wind!" (sie wandelte den Satz natürlich tageweise ab). Als ob sie mit diesem Satz den Schulanfang beschleunigen wollte, als ob sie uns das bisschen Restferien nicht gönnte! Mein Mund zog sich immer zusammen, als müsste ich eine Zitrone lutschen, wenn ich das hörte, und ich suchte das Weite.

Eigentlich war es kein Wunder, dass die Tante uns die restlichen freien Tage nicht gönnte. Die Badesaison war vorbei und uns wurde langweilig. Nun machten wir uns im Haus zu schaffen. Ganz oben war ein Dachboden, groß wie ein geräumiges Zimmer, in den Schrägen mit

Spinnweben behaftet, der Holzboden etwas uneben und teilweise löchrig, alles ziemlich marode. Dort räumten und polterten wir herum. Im Hochsommer hätten wir es dort nicht ausgehalten vor Hitze, aber nun war es schon erträglich, wenn auch nicht kühl. Unsere Aktivitäten beunruhigten die Tante, denn sie wohnte unter dem Dachboden. Sie hörte uns und hatte wohl Angst, ihre Zimmerdecke würde eines Tages auf sie herunterfallen.

Auf einem Balken lagen ein paar Hufeisen. Die stammten wohl von unserem Großvater, der, wie man uns erzählt hatte, Hufschmied gewesen war. Als die Motorisierung im Verkehr voranschritt, hätte er sein Gewerbe auf Tankstelle umstellen sollen - so hörte ich es öfters. Tat er aber nicht, und so ging die Schmiede ein. Er starb früh, lange vor meiner Zeit. Magenkrebs sei es gewesen, vom eiskalten Biertrinken in der heißen Schmiede. Er sei ein glänzender Gesellschafter, Stadtrat, angesehen - und ein Familientyrann gewesen. Vielleicht hatte auch das dem Magen nicht gutgetan, wer weiß?

In einem kleinen Extraverschlag waren Dinge verwahrt, die wir von außen nicht genau erkennen konnten. Das war geheimnisvoll. Der ganze Dachboden, aber speziell diese Ecke, zog meinen Bruder und mich magisch an. Leider war das kleine Türchen mit einem Schloss versperrt. Da es aber schon ziemlich verrostet war, gelang es uns mit vereinten Kräften und einer Beißzange, es aufzubrechen. Zum Vorschein kam ein kleiner Puppenwagen, aus Blech gefertigt, mit kleinen Löchern als Muster auf den Seiten und mit beiger Ölfarbe bemalt. Interessanter war eine Achterbahn, etwa einen Meter hoch, auf der man Kugeln herabrollen lassen konnte. Auch sie schien in Heimarbeit gemacht zu sein. Es machte so einen schönen Lärm, wenn die Kugeln rollten!

Das Highlight war aber ein sogenannter "Holländer". Das war ein Gefährt, auf dem man wie auf einem kleinen Traktor sitzen konnte. Vor sich hatte man zwei senkrechte Stangen, leicht seitwärts geneigt, die man gegeneinander bewegte. So konnte man mit dem Holländer langsam, aber sicher dahinfahren.

Wir probierten das gleich auf dem Dachboden aus. Aber auf dem schrumpeligen Holzboden ging das nicht gut. Deshalb beschlossen wir, das Gefährt über die enge, steile, ebenfalls leicht marode Holztreppe nach unten zu schleppen. Da war der Hof, der an den Hanggarten grenzte und der hatte einen einigermaßen ebenen Boden aus Waschbeton. Beinahe wäre uns das schwere Teil auf halber Höhe entglitten und ich weiß nicht mehr, wie wir es schafften, es schließlich im Hof zu landen. Beim Fahren auf dem harten Boden machte es einen Höllenlärm. Das war schön!

Aber nicht für die Tante. Aufgeschreckt durch das ungewohnte Geräusch kam sie aus ihrer Küche durch den Gang zur Hoftüre geschossen, schlug die Hände über dem Kopf zusammen und rief etwas, das ich hier nicht wiedergeben möchte; der Ausdruck wäre heutzutage extrem politisch unkorrekt …

Dabei wäre es um die schönen Dinge schade gewesen, wenn sie nicht gefunden und benutzt worden wären. Ich erfuhr später von meiner Cousine, dass unser Onkel sie tatsächlich für sie und ihren Bruder eigenhändig hergestellt hatte. Er war Schlosser und als solcher konnte er so etwas, und machte das in Kriegszeiten, als man Spielzeug nicht einfach kaufen konnte. Seine Kinder freuten sich damals sicherlich sehr über diese schönen Dinge - und sie, wie viele andere Kinder zu jener Zeit, kannten ja auch nichts anderes. Dann wurden diese „Kostbarkeiten" in einem versperrten Abteil des Dachbodens aufbewahrt. Und nun hatten mein Bruder und ich sie entweiht, indem wir sie einfach so an uns gerissen hatten! Vielleicht war es das, was unsere Tante am meisten nervte. Ja, wir waren schon ein wenig wild, mein Bruder und ich, aber wahrscheinlich auch nicht wilder als andere Kinder in unserem Alter. Und ich mochte meine Tante, im Grunde genommen.

Allerheiligen

Es war kalt, es war nicht mehr Herbst; es war Winter, nur dass es noch nicht schneite. Ich liebte diesen Feiertag. Ich liebte den mystischen Anblick der Häuser und Bäume im Nebel, die Kälte, und dann das Hineinkuscheln in die warme Stube. Ich mochte den obligatorischen Gang zum Friedhof mit den vielen Leuten, die Feier am Grab mit den Gebeten und Gesängen, angeführt vom Stadtpfarrer, den anderen Pfarrern der verschiedenen Pfarreien und den weltlichen Begleitern, Honoratioren der Stadt, die ihnen würdigen Schrittes und mit ernster Miene auf dem Rundgang durch den Friedhof folgten. Die Kerzen in den Laternen der herbstlich geschmückten Gräber erhellten das Grau des Novembertags ein wenig. Am Ende der Feier spielte eine Blaskapelle immer das Lied „Ich hatt' einen Kameraden“. Mein Vater liebte dieses Stück und bekam immer feuchte Augen. Er war im Krieg gewesen, aber nie an irgendeiner Front; vielleicht hatte er aber einen Kameraden verloren? Ich stand am Grab immer gerne zwischen meinen beiden Tanten, weil sie beide einen Pelzmantel trugen, das roch so gut nach Tier, oder Pelz eben, und ich fühlte mich warm. Sie waren mit ihren Ehemännern, wie jedes Jahr, eigens aus München angereist, und zwar mit dem Auto, zu viert in einem Lloyd - dem „Mercedes des kleinen Mannes“.

Mein Onkel war mächtig stolz auf seinen „Loydde“ und zog Glacéhandschuhe an, um „den Wagen“ aufzupeppen. Das brachte ihm den Spott meines Vaters ein. Um ihn abzuwehren, sagte der Onkel, er trage die Handschuhe, um am Lenkrad nicht abzurutschen. Mein Vater glaubte ihm kein Wort.

Was dem Onkel sein Auto, war den Tanten ihr Pelzmantel, das augenfällige Symbol des ehrlich erarbeiteten Wohlstands nach dem Krieg. Die Tanten waren berufstätig und kinderlos und konnten sich „so etwas“ leisten, ja, es stand ihnen zu - im Gegensatz zu meiner Mutter, die ja nur zu Hause war und nicht arbeitete!

Nach dem „Grabstehen“ kam der gemütliche, aber auch interessante Teil der Veranstaltung. Es gab Kaffee und Kuchen, den meine Mutter in ihrer alten Schürze servierte, und dabei wurden die Pelzmäntel besprochen. Beide Tanten hatten einen Persianer („der trägt nicht so auf“). Die Tante aus Giesing, eine Frau von stattlicher Gestalt, hatte einen schwarzen Mantel („der macht schlanker“), die Tante aus Nymphenburg einen braunen („der ist freundlicher“). Dazu hatten sie beide einen Pelzmuff: eine Art Rolle, in die man die Hände zum Wärmen hineinsteckte. Sie war an einer Kordel befestigt, die man sich um den Hals legen konnte.

Das war die neueste Mode und die Tanten freuten sich - warum auch nicht: das Wort „Tierschutz“ existierte ja noch gar nicht, zumindest nicht in diesem Zusammenhang. Sie hatten ihren Service und ihre Unterhaltung; meine Mutter verschwand für längere Zeit in der Küche. Sie hätte nur von einem einfachen Wollmantel berichten können …

Die Herren gingen nun zum Schnaps über. Nicht der Onkel aus Nymphenburg, denn der musste nach dem Abendessen wieder alle heimfahren, aber mein Vater und sein Bruder, mein Onkel aus Giesing. Der Onkel war hocherfreut, denn er liebte Schnaps, bekam aber von seiner gestrengen Gattin äußerst selten einen solchen. Auch mein Vater war hocherfreut über die Gelegenheit, seine Pflicht als Gastgeber großzügig erfüllen zu können und sich selbst dabei noch viel Gutes zu tun. Heiter gestimmt, ja, fast übermütig, da befreit von Fesseln jeglicher Art, prosteten sie sich immer wieder zu. Skeptisch schaute der Nymphenburger Onkel den beiden zu. Wusste er, was kam, oder war es der pure Neid, weil er als Fahrer nicht mithalten durfte? Es kam, wie es immer kam, alle Jahre wieder: Proportional zur Anzahl der Schnäpse stiegen auch die Wortgefechte und schließlich Schimpfwörter und Beleidigungen der beiden Schnapsdrosseln. „Du bist doch ganz ein blöder Hund!“ war noch das Harmloseste. „Du kannst mich am A… lecken!“ war wenig später zu hören. „Du dummer Hund verstehst doch von gar nichts was!“ ertönte es von ich weiß nicht mehr wem. Ich kann mich beim besten Willen nicht mehr erinnern, worum es bei diesen Streitereien ging. Vielleicht um unser Haus, das mein Großvater meinem Vater vererbt hatte, nicht meinem Onkel, und das mein Vater nicht so instand hielt, wie mein Onkel das für richtig gehalten hätte. Unsere Verwandten wussten immer alles besser als meine Eltern; sie waren die Gescheiten! Oder vielleicht ging es um Politik. Mein Vater als Ingenieur in der großen Chemiefabrik unserer Stadt, ein „Fabrikler“ also, war Zeit seines Lebens SPD-Wähler, mein Onkel hingegen war Leiter der Schlosserei in der Strafanstalt Stadelheim - Beamter also - und somit CSU-Wähler. Sicher war das auch ein Thema. Da war Stimmung! Wir Kinder fühlten uns gut unterhalten. In eine Ecke gekuschelt verfolgten wir verstohlen grinsend das Theater. Und dann kam der Höhepunkt.

Auftritt die Tante (der schwarze Persianer) und kreischt in ihrem schwäbischen Heimatdialekt: „Des war des letschte Mal dass i do herg'fahre bin, des letschte Mal!“ Irgendwie verstanden daraufhin alle, dass jetzt das Maß voll war; auch wir Kinder. Rasch wurde der spärliche Rest der Flasche geleert, eine zweite gab es nicht (zumindest nicht offiziell) und man ging zum Abendessen über.

Meine Mutter bediente wieder. Sie hatte sich die ganze Zeit nicht sehen lassen. Dann war es Zeit zum Heimfahren für die vier Münchner. Sie hatten noch zwei Stunden Fahrt vor sich, denn es gab noch lange keine Autobahn dorthin. Man verabschiedete sich im besten Einvernehmen, insbesondere die beiden Schnapstrinker, und versprach ein baldiges Wiedersehen. Auch die Tante aus Giesing hatte sich wieder beruhigt. Erleichtert gingen alle von dannen, die einen ins Auto, die anderen zurück in die Wohnung.

Die Nymphenburger

Was die Nymphenburger anbelangt, so wurde das Versprechen tatsächlich eingehalten. Solange wir Kinder waren, kamen sie alle drei bis vier Wochen zu uns auf Besuch. Die Tante liebte Kinder, konnte aber zu ihrem Leidwesen selbst keine bekommen. So ließ sie all ihre Liebe in die Kinder ihres Bruders fließen. Sie konnte Ziehharmonika spielen und mein Bruder und ich saßen oft auf einem Schemel zu ihren Füßen und sangen mit ihr, „Kommt a Vogerl geflogen“ oder „Schwarzbraun ist die Haselnuss“ (was man heute gar nicht mehr darf). Sie erzählte lustige Geschichten, schnitt Grimassen und brachte uns zum Lachen. Wir wollten mehr und mehr von ihr. Wir animierten sie zu immer größerem Schabernack. Da wurde ihr Mann schon mal eifersüchtig und er schimpfte, wenn er das Treiben übertrieben fand: „Du hast so einen Narren an denen gefressen, wenn die dir auf den Kopf sch…, sagst auch noch 'Dankeschön'…“ Wir stutzten alle drei kurz, aber es ging an uns vorbei, niemand nahm es übel. „Ihr kennt ihn ja,“ lachte die Tante. Ja, wir wussten schon lange, dass er etwas cholerisch war, aber auch wiederum gutmütig. Er fuhr die Tante überall hin - was ihr wichtig war, denn sie hatte keinen Führerschein, wollte aber für ihre Menschen da sein - und er erfüllte ihr jeden Wunsch, wenn auch manchmal mit Murren.

Ein Highlight war, als die Tante uns einmal ein großes, dickes Märchenbuch mitbrachte und uns zum gemeinsamen Gebrauch schenkte. Es waren alle „Grimms Märchen“ und wir mussten uns das Buch teilen. Aber da wir noch nicht lesen konnten, war das kein Problem. Sie las uns daraus vor. Sie ahmte die Stimme des bösen Wolfs nach und das ängstliche Geschau der sieben Geißlein. Sie tröstete uns, wenn wir weinten, und lachte mit uns, wenn alles wieder gut war. Wir hingen an ihren Lippen, ihren Augen, ihrem Körper. Wir fühlten uns wie in einem Kokon. Wir waren stark und sicher, geliebt und einzigartig.

Ein Highlight anderer Art, als wir etwas größer waren, war der Besuch des Oktoberfests. Die Tante lud uns dazu ein; der Onkel brummelte - und ergab sich, wie immer. Im Grunde genommen war er ein gutmütiger, großzügiger Mensch und der Tante gelang es immer wieder, in ihm das Gute zu wecken. So viel verstand ich damals schon.

Und er fuhr gerne Auto. Allein die abendliche Fahrt vom Bahnhof zu ihrer kleinen Wohnung war Magie für uns. So viele Lichter in einer Stadt hatten wir noch nie gesehen! In unserer Kleinstadt gab es keine Leuchtreklamen. Wenn abends die Geschäfte zumachten, war es dunkel in den Straßen, bis auf die Straßenlaternen natürlich. Und dann die vielen Leute auf dem Oktoberfestplatz! Sie waren mit Anzug und Krawatte die Männer, die Frauen im Kostüm unterwegs, nicht in Trachtengewändern. Am meisten faszinierte mich der große Löwe hoch auf dem Bierzelt, wenn er in regelmäßigen Abständen mit eckigen Bewegungen den Krug zum Maul führte und „Löwenbräu“ brummte. Die Fahrgeschäfte waren auch eine Nummer größer als gewohnt. Auch für die Tante. Sie fürchtete sich leicht vor allem Wilden und Schnellen. Aber für uns Kinder war ihr nichts zu blöde, nichts zu gefährlich. Für uns fuhr sie sogar Achterbahn, „Wilde Maus“. Und als in einer Kurve ein Windstoß meinem Bruder das Käppchen vom Kopf riss, lehnte sie sich heldenhaft halb vom Waggon hinaus und fing es ihm aus der Luft wieder ein.

So lernten wir Kleinstadtkinder durch Onkel und Tante aus Nymphenburg die „große, weite Welt” kennen.

November

Der November war, abgesehen von Allerheiligen, ein langweiliger Monat. Es war kalt, grau, nebelig. Die Blätter waren alle von den Bäumen gefallen und weggeschafft oder von den Herbststürmen weggefegt, so dass wir uns nicht mehr in den Blätterhaufen verstecken konnten. Die hatte ein Stadtarbeiter im Oktober fein säuberlich zusammengerecht und aufgehäuft. Wenn wir aus unserem Versteck plötzlich auftauchten, um die anderen zu erschrecken, hob der Arbeiter seinen Rechen und schimpfte uns aus. Aber was er genau sagte, verstanden wir nicht. Wir hatten gewartet, bis seine Schritte leiser klangen, bevor wir auftauchten. So stand er in einiger Entfernung und wir liefen schnell in die andere Richtung weg. Wir hatten ja Zeit, um irgendwann wieder umzukehren, im Gegensatz zu dem Mann, der schließlich mit seiner Arbeit fertig werden musste. Er war eigentlich ein netter, gutmütiger Typ mit seinem schwarzen Bürstenschnitt, den schwarzen Augen und den ebenso schwarzen, strichförmigen Augenbrauen, die er unabhängig voneinander auf und ab bewegen konnte. Er lächelte uns Kinder freundlich an (vor dem Spiel mit dem Blätterhaufen).

Nun, im Spätherbst, hatten wir Zeit und Lust, uns um die Schule zu kümmern. Ich freute mich, andere Kinder zu treffen, gemeinsam im Chor zu singen und mangels anderer Beschäftigungen fand ich nicht einmal die Hausaufgaben so uninteressant. Ich musste mich nicht stundenlang in einem Stück mit ihnen befassen, denn bei uns kam immer mal eine Nachbarin einfach so vorbei auf einen Plausch. Je nachdem, ob mich das Thema interessierte, unterbrach ich meine Tätigkeit und hörte zu. Natürlich gab ich vor, zu schreiben oder zu lesen. Denn es gab immer wieder pikante Themen, die die Nachbarin vor mir nicht so ausführlich ausgebreitet hätte. Dann war ich erholt genug, um mit den Hausaufgaben fortzufahren. Bis Vater abends von der Arbeit kam, war ich fertig. Oft erzählte ich ihm, was ich gemacht hatte, denn es interessierte ihn, was wir in der Schule lernten. Vater sorgte eben für unsere Bildung, Mutter für das leibliche Wohl.

Ganz langweilig war es aber auch wieder nicht im November. Ich hatte eine Freundin, die mit mir in die Klasse ging und nicht weit von mir in der engen Altstadtstraße wohnte, in einem ganz alten, hohen Haus im obersten Stockwerk. Man erreichte die kleine Wohnung mit dem gewachsten Holzboden und den hohen Wänden auf vielen knarzigen, dunkelbraunen, abgetretenen Treppen. Ich ging fast jeden Abend zu ihr. Sie war ein nettes Mädchen, aber das Interessanteste an ihr war, dass sie immer die neuesten Bücher und Spiele hatte. Ihre Tante in der nächstgelegenen Kleinstadt besaß eine große Buchhandlung, „Styria“ genannt, und von der bekam sie immer alles, was Kinder lieben. Meine Freundin war auch unter den ersten Kindern, die Legosteine besaßen, bald auch die durchsichtigen, mit denen man richtige Fenster in die Häuser bauen konnte. Da durfte ich nur zuschauen, nicht mitbauen.

Die Mutter meiner Freundin war berufstätig, weil geschieden. Als sie noch verheiratet war, hatte sie mit ihrem Mann einen Friseursalon; nun aber arbeitete sie in der Küche einer Werkskantine.

Die war nun nicht so erbaut, wenn ich so oft angetanzt kam. Das war besonders dann der Fall, wenn sie sich ihre schwarzen Haare färbte, hellblond, mit Wasserstoffsuperoxyd. Sie konnte das ja, als gelernte Friseurin. Sie hatte das immer schon gemacht, weil ihr Mann für Blondinen schwärmte. Die berühmteste Blondine jener Generation war Marika Röck, eine Tänzerin mit viel ungarischem Temperament. Nach ihr hatte der Friseur seine Tochter „Marika“ genannt. Nach der Scheidung blieb Marikas Mutter bei der blonden Haarfarbe. Was aber auch sie nicht verhindern konnte, war, dass die Farbe beim Einwirken schrecklich juckte und sie jammerte und kratzte sich am Kopf. Vielleicht wollte sie nicht, dass ich das mitbekam oder überhaupt, dass sie sich die Haare färbt. Oder sie wollte einfach mal ihre Ruhe. Es war mir egal. Ich war fasziniert, denn das Ergebnis nach stundenlanger Arbeit konnte sich sehen lassen! Sie sah fast aus wie Marika Röck, zumindest was die Frisur anbelangte. Auf alle Fälle entsprach sie mit den halblangen, leicht aufwärts gedrehten, hellblond gleißenden Haaren dem Schönheitsideal der 60er Jahre. Glücklich und zufrieden rauchte sie zum Abschluss eine Zigarette. Während dieser Tortur spielten Marika und ich das „Töpfchenspiel“. Ich weiß nur noch, dass man da Geld gewinnen konnte. In kleinen Töpfchen aus grauem Ton lagen Münzen, die aus Pappe gemacht und mit Silber- und Goldbronze überzogen waren. Je nach gewürfelter Zahl wurde das

Geld im Töpfchen mal mehr, mal weniger, und Sieger war, wer das meiste Geld am Ende hatte. Ich liebte dieses Spiel. Das wiederum verführte meine Freundin zu der kleinen Boshaftigkeit, dass sie mir das Spiel manchmal verweigerte. Das machte mir aber nichts aus, denn Marika hatte zum Ausgleich so viel Interessantes zu bieten, zum Beispiel das Buch „Die Geschichte vom hölzernen Bengele". Das war die Geschichte von Pinocchio auf Deutsch. Ich kannte „Pinocchio" damals noch nicht, deshalb war das für mich ganz etwas Neues, Besonderes. Auch von ihren Büchern über Petzi, den Bären, mit seinen Freunden Pingo und Seebär, war ich fasziniert. Die hatten wir gelesen, als wir noch kleiner waren. Wir hatten die Bücher aber nie zusammen gelesen, sondern Marika lieh sie mir jeweils aus. Es waren wohl ihre Bücher, die meine Leidenschaft fürs Lesen entstehen ließen; aber auch unsere Vorlesetante hatte sicherlich dazu beigetragen.

Ein anderes Herbstvergnügen war für uns das Kino. Es gab zwar schon Fernsehen seit Anfang der Fünfzigerjahre, aber es war noch nicht so, dass in jedem Haushalt ein Fernsehgerät gestanden hätte. Als wir noch kleine Grundschulkinder waren, gingen wir am Samstagnachmittag oft in Märchenfilme. Dorthin dürften wir Kinder alleine gehen, obwohl es ein weiter Weg war vom alten in den neuen Teil der Stadt, wo das Kino etwas abseits von der Hauptstraße verborgen lag. Aber mangels Auto oder häufigen Busverkehrs waren wir gut zu Fuß; wir kannten ja nichts anderes und dachten nicht groß darüber nach.

Der Vorhang ging auf. Erst gab es einen Vorfilm. Dann ertönte eine Glocke drei Mal. Das Licht wurde dunkler, die Spannung stieg. Erst als es ganz dunkel war, erschien „Der Kasperl Larifari". Das war natürlich in schwarz-weiß! Es tat aber unserer Begeisterung keinen Abbruch. Ein andermal gab es „Der Wolf und die sieben Geißlein" oder „Rotkäppchen", alles liebevoll gespielt mit echten Schauspielern und realistisch wirkenden Kulissen. Wir waren mitten in diese Welt versetzt, lebten und litten mit.

Eines Samstags pilgerten wir wieder von unserem Haus durch die alte Gasse zum Stadtplatz und dann die lange, ansteigende Straße hinauf zum neuen Teil der Stadt, in eines der zwei Kinos da oben. Ich freute mich auf „Schneewittchen".

Der Vorhang ging auf. Die ersten Bilder erschienen. Doch was war das? Was sich da vorne auf der Leinwand bewegte waren keine Menschen aus Fleisch und Blut, sondern eckige, flache, blutleere Figuren, die mit fahrigen Bewegungen irgendetwas sagten oder ausführten. Irgendwie merkte man immer erst im Nachhinein, was sie ausdrücken wollten oder sollten. Es war mein erster Zeichentrickfilm. Er gefiel mir überhaupt nicht. Gelangweilt verließ ich das Kino nach der Hälfte der Zeit und schwor mir, mich in Zukunft zuerst zu informieren, ob ein Zeichentrickfilm gezeigt werden sollte oder ein „echter".

Das änderte sich natürlich im Lauf der Zeit. „Bambi" gefiel mir bereits. Wahrscheinlich wurde die Technik sehr schnell immer besser, so dass die Figuren plastischer und geschmeidiger erschienen. So stellte sich auch bei den Zeichentrickfilmen bald die erwünschte Illusion ein.

In den frühen Sechzigerjahren entstanden die großen Hollywoodfilme wie „Lawrence von Arabien", „Ben Hur" und viele andere. Die wären im Fernseher nicht groß herausgekommen. Die mussten wir sehen! Da pilgerten wir hin, da war uns kein Weg zu weit. Es gab damals fünf Kinotheater in unserer kleinen Stadt, das über der Grenze mit eingerechnet. Zwei davon waren den Berg hoch im neuen Teil der Stadt, aber wir waren unverdrossen. Wir Kinder stapften nicht alleine dorthin; unsere Tante oder unsere Cousine waren ebenfalls begeisterte Kinogänger. Wir waren überwältigt von der Wüste Arabiens, und vom Wagenrennen im alten Rom. Charlton Heston mit seiner markanten Nase, groß, schlank, muskulös, das Urbild eines Alphamannes, war ein überzeugender Darsteller des wohlhabenden Palästinensers, der sich gegen die Römerherrschaft auflehnt. Wir waren mittendrin im Geschehen, wir liebten und litten mit dank der großen Leinwand und der entsprechenden Lautstärke.

Als später jeder einen Fernseher hatte, wurde man bequem. Diese großen Epen konnte man sich nun auch zu Hause ansehen. Aber derselbe Kunstgenuss wie im Kino war das nicht!

Winter

„So um Dezember

Weißt du noch … ? In zarten Wattetupfen

Schüttete der Himmel ersten Schnee"

Das ist der Anfang eines Gedichts von Mascha Kaléko.

Ja, so war es. So um Dezember fing es immer an zu schneien, auch damals noch, bei uns, in den 50er und 60er Jahren. Zuerst wirbelten kleine weiße Fussel durch die Luft, dann kamen immer größere Wattebäusche, die langsam, leise, hypnotisierend zu Boden fielen. Bald bedeckte eine geschlossene Schneedecke die Felder, Wege und Bürgersteige, oft auch die Straßen. Der Schnee knirschte unter unseren Stiefeln, gleichförmig, vertraut, zuverlässig, wenn wir zur Schule oder zur Kirche gingen. So blieb es über Weihnachten bis Ende Januar.

Als kleine Grundschüler holten wir ein, zwei Tage nach dem ersten Schnee unseren kurzen Holzschlitten vom Dachboden und begaben uns eilends Richtung See. Manchmal lag so viel Schnee, dass man schon von der Haustüre weg Schlittenfahren konnte, aber einer musste den anderen die Auffahrt hochziehen. Am Ostufer des Sees schlängelte sich ein Weg von der Burg herunter, nicht allzu steil, und diese sogenannte „Rodelbahn" war unser Ziel. Man zog den Schlitten am Rand des Wegs ganz hinauf, fast bis zur Burg, und dann ging's flott nach unten. Man musste schon ab und an etwas bremsen, mit den Füßen, um nicht einen Auffahrunfall zu riskieren. Oder es konnte passieren, dass man vom Weg abkam und die Böschung, die zwischen Rodelbahn und See lag, hinunterpurzelte. Das war eigentlich nicht so schlimm, aber ehrenrührig; schließlich gab es doch immer einige Zuschauer. Die Erwachsenen hätten einen nicht gestört, aber die Altersgenossen …

Den Blick fest auf die ersehnte Bahn gerichtet, stapften mein Bruder und ich mit dem Schlitten auf dem glatten Schnee dahin. Aus dem linken Blickwinkel bot sich uns aber noch eine andere Szenerie:

Der zugefrorene See mit den Schlittschuhfahrern, dem kleinen Holzkiosk und dem Lautsprecher. Die Eisfläche, die fast den ganzen See weiß scheinen ließ, war nie blitzblank geräumt. Die Spuren der ins Eis kratzenden Schlittschuhe ließen kleine Schneehügel entstehen. Die Sonnenstrahlen, die am Nachmittag weit gefächert auf die Eisfläche fielen, ließen dort kleine Schneekristalle funkeln. Das ganze war wie ein Wimmelbild:

Mädchen in neckischen kurzen Schlittschuhröckchen, dicken Strumpfhosen, kleinen, aus flauschigem Kunstpelz gefertigten Jäckchen - sogenannten „Teddyjäckchen" - und kopfhörerförmigen Ohrschützern aus ebendiesem Material, waren da zu sehen. Dazwischen bewegten sich Frauen in Steghose und Anorak, meist mit ihren kleinen Kindern, die beim Erlernen des Schlittschuhlaufens noch mehr dahinstolperten als glitten. Und mittendurch fegten junge Burschen in ihren schwarz-roten Eishockeystiefeln, Jeans cool etwas hochgekrempelt, dicker Pullover mit noch dickerem Schal lässig um geschwungen, in weit ausholenden Bögen übers Eis. Sie waren die Herren des Sees, nicht die paar älteren Herren, die in wohlgeformten, langsamen Bögen das Fahren genossen.

Das alles nahm ich wahr, während ich den Schlitten zur Rodelbahn zog. Je älter ich wurde, desto öfter und länger blieb ich stehen und schaute dem bunten Treiben zu. Manche Schlittschuhläufer bewegten sich zu den Klängen von Schlagern oder zum Takt des Walzers „Rosen aus dem Süden", der aus dem Lautsprecher erklang. Die Musik weckte eine große Sehnsucht in mir. Eines Tages, ganz bald, würde ich auch lernen, so anmutig über den See zu schweben.

Und eines Weihnachtens war es so weit. Nach den diversen Tieren auf Rädern zum Hinterherziehen oder auch Reiten, nach den Puppenstuben, Kaufläden und Postämtern aus Pappmaché im Kleinformat, bekam ich meine ersten Schlittschuhe! Es war eine unglaubliche Freude. Wohlgemerkt: das waren keine weißen Eiskunstlaufstiefelchen, wie sie später üblich waren, sondern Kufen, mit einer Plattform vorne und einer kleineren hinten. Man konnte sie an ganz normale Winterstiefel anschrauben. Der Haken an der Geschichte war nur, dass die Stiefel damals nur knöchelhoch waren, so dass kein richtiger Halt gegeben war. Was aber schlimmer war, war die Tatsache, dass die Stiefel meist eine Gummisohle hatten. Die bewahrte einen beim Gehen zwar vor dem Ausrutschen auf den schneeigen Wegen, bewirkte aber, dass sich die Kufen nicht dauerhaft fest anschrauben ließen. Und so lösten sich die „Schlittschuhe" immer wieder ab, kaum, dass man eine halbwegs lange Strecke auf dem Eis gefahren war.

Derart ausgerüstet zog ich also eines sonnigen Winternachmittags los, glücklich, aber nunmehr auch etwas ängstlich. Ob ich es wohl schaffen würde, mich auf den Schlittschuhen zu halten oder gar zu fahren, wie alle anderen, die ich immer schon beobachtet hatte? Oder würde ich ausgelacht werden, weil ich nach Stunden immer noch stolperte und hinfiel? Gottseidank war ich nicht alleine. Meine ältere Cousine Anna und ihre Freundin, gute Schlittschuhläuferinnen, nahmen mich unter ihre Fittiche: eine links, die andere rechts. So konnte ich wenigstens nicht gleich umfallen. Die ersten Bewegungen auf dem Eis fielen mir trotz der Hilfestellung schwer. Ich stolperte mehr als ich fuhr, geschweige denn glitt. Ließen die Mädchen mich probeweise einmal los, war ich sofort am Boden. Mein Gleichgewichtssinn war wohl nicht der beste. Kein Wunder, war doch in der Schule Sport mein schwächstes Fach! Dachte ich so bei mir. Erschwerend kam hinzu, dass die erwähnten Kufen sich durch meine tollpatschigen Bewegungen immer wieder von den Stiefeln lösten und ich auch dadurch zu Boden glitt. Dann hieß es erst einmal wieder die Kufen befestigen. Diese Zwangspausen machten erst recht keinen Spaß.

Nach zwei Tagen hatte ich das Gefühl, ich erlernte das Schlittschuhfahren nie! Ich war traurig und frustriert, war es doch mein großer Traum gewesen. Immer wieder zogen die Bilder vom Eis an meinem geistigen Auge vorbei, von Leuten, die dahinglitten, ganz selbstverständlich.

Ich weiß nicht mehr, was mich dazu bewog, nicht aufzugeben. Vielleicht war es der Zuspruch meiner Cousine, die sich oft schon als mein guter Geist erwiesen hatte. Vielleicht war auch die Sehnsucht, es zu können, übergroß, gepaart mit einem Schuss Ehrgeiz. Ja, Ehrgeiz hatte ich schon.

Nach ein paar Tagen konnte ich schon ohne Hilfestellung ein paar Schritte fahren. Das motivierte mich sehr dazu, viel allein zu üben, und nun ging es rasch bergauf. In Kürze glitt ich einigermaßen flott dahin.

Das Weihnachten darauf schien das glücklichste meines Lebens zu sein. Das Christkind (?) hatte ein Einsehen und brachte mir statt irgendwelcher Stofftiere, Puppen oder Bücher ein paar richtige Eiskunstlaufstiefel, strahlend weiß und schön, so wie die berühmte Profiläuferin Marika Kilius sie trug. Dazu bekam ich ein neckisches kurzes, schwingendes Röckchen in roter Farbe, eine kurze warme Jacke, und Ohrenschützer aus weißem Teddyfell. So nannte man den flauschigen Kunstpelz.

Zwei Tage später war ich auf dem Eis. Wie kam ich mir schön vor! Und das Schlittschuhlaufen klappte mit diesen Stiefeln natürlich auch gleich von Anfang an besser. Trotzdem fehlte es noch ein wenig an Übung.

Mit Fliegern und Kanonen

Das änderte sich, als ich eine Klassenkameradin auf dem Eis traf. Ich hatte sie eigentlich nie sonderlich beachtet; eine andere war derzeit meine „Favoritin“. Nun stellte sich heraus, dass Eva dieselbe Leidenschaft für das Schlittschuhlaufen empfand, wie ich. In der Folge verabredeten wir uns fast täglich am frühen Nachmittag zum Eislaufen. Da kam sie an: Ebenfalls gekleidet in ein kurzes Röckchen, aber mit Plisseefalten, flauschigen Ohrenschützern und mit um eine Schulter gehängten, weißen Schlittschuhstiefeln. Es gab am Eingang eine Art lange, erhöhte Bank, wo man die Schuhe wechseln konnte. Das nahm eine ganze Zeit in Anspruch. Dann nahmen wir uns an den Händen und stapften durch den Schnee. Vorsichtig betraten wir zusammen die Eisfläche. Nur ja nicht gleich Ausrutschen! Als alles gut gegangen war, gaben wir mit den Zacken vorne am Schlittschuh Gas und legten, jede für sich, los. Das ging ja prima! Allmählich wurden wir schneller, ja, kühner. Eva war geschickter und mutiger als ich und sie überredete mich, Figuren auszuprobieren. Eine hieß „Flieger“ und ging so: Man nahm etwas Anlauf, ging ab Hüfte mit dem Oberkörper nach vorne und breitete die Arme wie Flügel zur Seite. Fast gleichzeitig ging man mit einem Bein langsam nach oben, bis es in die Waagrechte kam. Vom Kopf zum Bein sollte es eine horizontale Linie sein. Es war natürlich schwer, das Gleichgewicht zu halten und dabei auch die vor einem liegende Eisfläche im Auge zu haben, damit man nicht in eine Rille fuhr und stürzte. Wir beobachteten und warnten uns gegenseitig.

Eva war besser als ich in dieser Figur. Dafür war ich besser im Pirouettendrehen – zumindest erzählte Eva das später bei einem Klassentreffen. Das machte mich damals, 50 Jahre später, noch stolz!

Eine andere Figur, die wir immer wieder übten, hieß „Kanone”. Eva und ich liefen dicht hintereinander und hielten uns an den Händen. Ich ließ mich langsam zu Boden gleiten, Eva im Rücken, und als der Po fast den Boden berührte, streckte ich ein Bein nach vorne. Das war nicht allzu schwer, weil man ja gehalten wurde. Und dann wechselten wir. Wir probierten das immer wieder. Wir waren so gut, dass andere uns zuschauten. Das ging uns runter wie Eis mit Sahne.

Es war kalt und wir waren nicht sehr warm angezogen mit unseren kurzen Röckchen und Strumpfhosen. Deshalb war es zwischendurch nötig, in den Kiosk zu gehen, um sich aufzuwärmen. Der Kiosk war eine Holzhütte. Von der Ferne hätte man ihn für ein Blockhaus halten können, aber er war nur eine dunkle, leicht verwitterte Bretterbude. Das war egal. Wichtig war, dass in seiner Mitte ein Kanonenöfchen stand, das eine unglaubliche Hitze ausstrahlte. Der erste Weg war immer zu dem Öfchen, Handschuhe aus und Hände ganz nah rangehalten, gerade so, dass man sich nicht verbrannte. Wie gut die Wärme tat! Es war herrlich! Erst nach dem Aufwärmen bestellte man sich heißen Tee. Die Schlittschuhe durfte man anbehalten. Wenn nämlich der Schnee, der an ihnen klebte, geschmolzen war, lief das Wasser schön durch die Furchen des arg mitgenommenen Bodens ab.

Wir blieben nicht lange, nur für einen Tee. Das Eis rief wieder, und wir machten noch einige Runden.

Der Eislauf dauerte immer bis Nachmittag um 5 Uhr. Dann wurde geschlossen, die Fläche geräumt, und um 7 Uhr ging der Abendlauf los, bis 9 oder 10 Uhr. Ich musste einfach bis zum Ende des Nachmittags bleiben. Eva musste schon eher los, weil sie einen längeren Heimweg hatte, bis außerhalb der Stadt. Ich aber wohnte ganz nahe am See und das kostete ich aus.

In meinem Bestreben, bis zur letzten Minute zu bleiben, wurde ich unvorsichtig. Ich wollte kurz vor Schluss nochmal so richtig losrennen, es mir beweisen, und dabei übersah ich oft die nun schon tiefen Rillen im Eis oder ich stieß mit einem jungen Burschen, der ebenfalls nochmals loslegte, zusammen. Es krachte und ich stürzte. Meist tat mir der Arm weh, weil ich unwillkürlich versucht hatte, mich mit ihm abzustützen.

Beim Heimgehen wurden die Schmerzen immer stärker. Ich hatte Angst, der Arm könnte womöglich gebrochen sein. Wegen dem Arm war es mir nicht leid, aber wegen der Aussicht, vielleicht eine Zeitlang nicht Schlittschuh fahren zu können. Ich schlich mich die Treppe hinauf ins Wohnzimmer, Tränen in den Augen, und jammerte über mein Leid. „Warst wieder recht wild, du!" sagte meine Mutter mitleidslos. Aber dann: „Mach ich dir halt einen Umschlag mit essigsaurer Tonerde." Was sie dann machte, hatte nichts mit Apotheke oder Medizin zu tun. Sie goss Wasser in eine Schüssel, gab einen kräftigen Schuss Essigessenz dazu, wrang ein Stofftaschentuch darin aus und band es mir um den Arm. Darüber wickelte sie ein Handtuch, damit nichts tropfte, und verordnete mir Ruhe.

Und was soll ich sagen? Am nächsten Tag war alles gut (ich weiß aber nicht, ob der Wickel dran schuld war oder die Angst, einen Schlittschuhnachmittag zu versäumen).

Damals kannte ich nur den körperlichen Schmerz. Wenig wusste ich von Schmerzen anderer Art. Ich sollte sie bald erfahren.

Der Schatten

Meine Tante verlor innerhalb eines guten halben Jahres ihren Mann und ihren Sohn. Beide kamen unterschiedlich, aber auf tragische Weise ums Leben, der Onkel im „Wonnemonat" Mai, mein Cousin im darauffolgenden Winter. Uns, die wir ja eine Hausgemeinschaft mit den „Oberen" bildeten, traf es fast so schlimm, als ob es in der eigenen Familie passiert wäre.

Ich trauerte um meinen Onkel, obwohl er mir nicht so nahe stand wie die anderen. Er war ein zurückhaltender, stiller Mann gewesen, der nur selten zu uns in den ersten Stock kam. Man traf ihn meistens im Hausgang oder im Hof an, wenn er turnusgemäß innen alles mit Kalk weißte - das uralte Gemäuer unseres Hauses vertrug nur die dünne, weiße Kalkfarbe, damit es „atmen" konnte - oder wenn er etwas reparierte oder aus Metall herstellte. Als gelernter Schlosser war er sehr geschickt in diesen Dingen. Er war ernst, ehrlich, zuverlässig, der gute Geist im Haus, der sich um alles Häusliche kümmerte. Ab und an hatte er etwas zu schimpfen. Mein Vater, von ganz anderem Naturell, hatte Glück mit ihm. Vater war handwerklich mäßig begabt, wenig interessiert und brachte, wenn er doch einmal etwas in dieser Richtung versuchte, nichts zu Ende. Er hatte eben andere Begabungen. Meinen Onkel bezeichnete er manchmal als humorlos.

Was mich mehr schockierte und niederschmetterte war der Tod meines Cousins Manfred. Im Gegensatz zu seinem Vater besuchte er uns im ersten Stock oft, weil er besonders mit mir gerne seine Späße machte. Als ich ein Kleinkind war und er ein Teenager, legte er sich bei uns auf die Couch, hob die Beine gen Himmel, und legte mich oben auf seine Fußsohlen. Dann nahm er mich bei den Händen und schaukelte mich hin und her. „Engelreiten" nannte er das. Ein anderes Mal stellte er sich auf den Boden, nahm meine rechte Hand und mein rechtes Bein und schwang mich rundherum wie ein Karussell. Ich lachte und juchzte und fand das ganz toll. Als ich älter wurde, wurde er ein guter Gesprächspartner für mich. Einmal warnte er mich vor einem Freund, der mir nicht guttat. Ich konnte mit ihm über Gott und die Welt philosophieren. Das taten wir besonders gerne an Weihnachten nach der Christmette, wenn alle anderen schon schliefen.

Und nun war er tot. Tot! An einem kalten, trostlosen Januartag, als der Schulbeginn den Zauber der Weihnachtszeit auslöschte, starb er - mit zweiundzwanzig Jahren. Ein Polizist brachte früh, als es noch dunkel war und wir gerade noch beim Frühstück saßen, die traurige Nachricht. Es fühlte sich an, als hätte ich eine Ohrfeige bekommen. Dann war ich wie erstarrt. In der Schule konnte ich mich kaum konzentrieren; dennoch tat die Ablenkung gut. Im Laufe des Tages löste sich die Erstarrung und ging in Trauer über. Ich sah sein Gesicht vor mir, immer wieder: gutaussehend, intelligent, freundlich, jedoch gepaart mit einem ironischen Lächeln. Dann dachte ich daran, dass wir erst vor knapp drei Wochen alle zusammen Weihnachten gefeiert hatten.

Es war wie immer gewesen. Jede Familie aß zu Abend für sich, aber dann, zur Bescherung, waren wir alle bei uns im ersten Stock. Alle - bis auf meinen Onkel.

In den letzten Jahren hatte Cousin Manfred uns am Morgen des 24. Dezember immer einen Geldschein in die Hand gedrückt und uns befohlen, zum Buchgeschäft am Stadtplatz zu gehen und uns einen Karl May Roman zu kaufen. Diese Bücher waren schön gebunden und verziert, keine Taschenbücher. Sie lagen nun auf dem Gabentisch, zusammen mit winterlichen Kleidungsstücken, die wir sowieso gebraucht hätten, und ein paar Kleinigkeiten. Die Kerzen an der Fichte (Tanne wäre zu teuer gewesen; war nur für die „besseren Leute“) waren angezündet, reichlich Lametta glitzerte allenthalben, die roten Kugeln leuchteten und das Engelshaar schimmerte überirdisch, feenhaft. Vergessen war das Jucken am ganzen Körper, wenn man das Zeug - es war nichts anderes als Glaswolle - am Baum drapierte. Seitwärts vom Baum stand ein kleines Krippchen. Das besangen wir mit Weihnachtsliedern; Vater spielte mit der Geige dazu. Es war nicht virtuos, aber es war schön. Wir tranken Rotweinpunsch, der so dünn war, dass auch wir Kinder davon trinken konnten, und aßen Plätzchen, ganz einfache aus Mürbteig, Sterne, Kreise, Tannenbäumchen, ohne Verzierung.

Kurz vor Mitternacht stapften wir durch den knöchelhohen Schnee auf dem schmalen Bürgersteig der Altstadt zur Christmette. Gut, dass um diese Zeit und an so einem Tag keine Autos mehr unterwegs waren, sonst wäre es eng geworden. So war das jedes Jahr, damals.

Jahre später war der Weg zur Kirche leichter zu gehen, aber auch weniger romantisch. Ab den achtziger Jahren wurden die Winter immer wärmer. Ich hatte noch einmal in meinem Leben, als ich längst kein Kind mehr war, das Erlebnis einer festen Schneedecke mit dem regelmäßigen Knirschen der Schritte auf dem Weg zu einer Kirche. Das war in Norwegen. Mein Mann und ich waren mit einem Postschiff dort unterwegs, die Küste entlang bis über den Polarkreis hinaus. Es war meine schönste Reise. Endlich mal wieder richtig Winter, wie damals, als Kind!

Damals, ja, damals, sah es bei uns aus wie in Norwegen. Aber unsere Weihnachten würden nie mehr dieselben sein wie früher. Zwei Menschen würden für immer fehlen. In der Familie wurde nicht mehr viel darüber gesprochen. Früher zerredete man nicht alles. Dinge, die man nicht ändern konnte, nahm man hin. Es ist auch eine Strategie, um weiterleben zu können. Es war eben so, gottgegeben oder wie auch immer.

Meine Tante ging öfter zur Kirche, als sie das vorher getan hatte. Sie fand wohl Trost in dieser Institution, wo man noch Leute treffen konnte zum Reden oder gemeinsam Schweigen, oder es war einfach der Glaube, der ihr Stütze gab. Manchmal begleitete ich sie zu einem Kirchenbesuch oder zu einer Wallfahrt.

Jedoch hatte sich ein Schatten über meine heiteren Wintertage gelegt. Er hatte sich an einem kalten Januartag frühmorgens herangeschlichen und blieb. Ein erstes Zeichen hatte sich mir gezeigt, dass das Leben von nun an wechselhaft sein würde - nicht nur Freude, sondern auch Leid; nicht nur Sonne, sondern auch dunkle Wolken. Ich konnte den Schnee, das Eis, die Sonne in der klaren, frischen Luft nicht mehr so recht genießen. Eine Zeitlang später jedoch zog es mich wieder aufs Eis und ich glitt in der Wintersonne zum Takt der Musik weithin über den See. Meine junge Seele hatte noch nicht so viele Narben; sie war noch sehr regenerationsfähig. Ich begann, zu vergessen.

Das Leben geht weiter. Immer.

Ausgetrickst (?)

Es waren wieder einmal die letzten Tage der Weihnachtsferien - die Zeit, in der ich jeden Tag beim Schlittschuhfahren war. Nur diesmal nicht. Diesmal lag ich mit Husten und Fieber im Bett. Mutter brachte mir Essen ans Bett, kochte Tee und machte Wadenwickel. Appetit hatte ich keinen und das Fieber ging nicht wirklich zurück. Also wurde der Doktor geholt. Er horchte mich ab, ließ sich den Fieberstand geben und sagte mit ernster Miene: „Du hast eine Lungenentzündung. Du musst drei Wochen im Bett bleiben. Und dass du mir ja nicht aufs Eis gehst!" Er hinterließ ein Rezept über Hustensaft und fiebersenkende Zäpfchen, ermahnte meine Mutter, auf mich aufzupassen, und ging. Das waren ja schöne Aussichten! Drei Wochen! Das war ja eine Ewigkeit! Ich wurde mutlos. Unten auf dem Trottoir vor unserem Haus hörte ich die anderen Kinder vorbeilaufen auf dem Weg zum See, lachend und schwatzend. Sie mussten nicht im Bett liegen. Warum ich? Das war doch ungerecht! Wie konnte mich das treffen? Ich sinnierte hin und her. Ein kleiner Trost war, dass ich ein schönes Buch hatte. Eine Klasskameradin hatte es mir geliehen, für die Ferien. Es hieß „Des Goldschmieds Töchterlein" und war auch spannend. Es handelte von einem Goldschmied in Antwerpen, der zu Zeiten der Reformation als Ketzer gefangen genommen wurde. Seine Frau war an einer unheilbaren Krankheit gestorben. Seiner Tochter gelang mit ein paar Getreuen die Flucht. Würden die beiden wieder zusammenkommen oder würde der Mann auf dem Scheiterhaufen enden? Ich las ein Stück weiter. Und noch ein Stück. Dann legte ich das Buch zur Seite und dachte ans Eis. Wiederum las ich ein Kapitel. Es war schön, einmal so viel Zeit und Ruhe zum Lesen zu haben. Aber nur lesen, und den ganzen Tag? Eigentlich fühlte ich mich gar nicht so schlecht. Hatte der Doktor vielleicht übertrieben? Etwas frische Luft konnte doch nicht schaden, oder?

Ich ging zum Schlafzimmerfenster, zog die Vorhänge ganz zurück, und öffnete einen Flügel. Draußen war es still. Kein Auto fuhr vorbei. Die Kinder, die ich gehört hatte, waren längst weg, fort, auf dem Eis, fröhlich ihre Bahnen ziehend in der kalten, aber schönen Wintersonne.

Heute musste Nordwind sein, denn es wehten immer wieder Klänge - leise, zart, wie einzelne Feenschleier - an mir vorbei. Anfangs waren sie weich, einschmeichelnd, sehnsuchtsvoll, dann plötzlich spritzig, fröhlich, hüpfend, dann wieder langsam … Ich kannte die Musik. War das nicht der „Schlittschuhläuferwalzer"? „Warum bist du nicht da? Komm doch, wiege dich mit mir, dreh dich mit mir …" schien er mir zuzuflüstern.

Ich lauschte seinen Worten und versuchte eine ganze Zeitlang, der Verführung zu widerstehen. Wieder wehten süße Klänge am Fenster vorbei. Da machte ich leise das Fenster zu, zog mein Nachthemd aus und das Schlittschuhgewand an. Ich schlich mich durchs Wohnzimmer - Mutter war noch in der Küche - nahm vorsichtig die Schlittschuhstiefel von der Garderobe, band die Schuhbänder zusammen und hängte sie mir über die Schulter, wie üblich. Der Rest war schnell angezogen und auch die Treppe schaffte ich, ohne dass sie mich durch ihr Knarzen verriet. Auch die Haustüre schaffte ich; Schlüssel brauchte ich keinen mitzunehmen, denn damals waren noch bei allen Häusern die Haustüren unversperrt. Im Sommer standen sie sogar offen.

Aber nun wurde es schwierig. Zwei Häuser weiter Richtung See wohnte nämlich unser Hausarzt und der durfte mich auf keinen Fall sehen; hatte er mir doch streng verboten, aufs Eis zu gehen. Ich fürchtete sein Schimpfen, seine empörte Mitteilung an meine Eltern, womöglich seine Verachtung; aber noch mehr fürchtete ich eine Strafe dergestalt, dass ich etwa statt der verordneten drei Wochen Bettruhe nun sechs Wochen bekam.

Also ging ich zuerst ein paar Schritte in Richtung des Arzthauses, die Haustüre fest im Blick, nicht dass da plötzlich der Doktor oder seine Frau herauskäme. Die Türe blieb zu. Schnell ging ich an ihr vorbei. Dann kam die Mauer, die aufwärts führend die große Terrasse begrenzte, wo die Frau des Doktors im Sommer einen Cafébetrieb hatte, und auf der weiße Rosen wuchsen. Jetzt, im Winter, war die Mauer oben kahl, und somit gab es keinen Sichtschutz. Eng an diese Mauer gedrückt und in gebückter Haltung, in der Hoffnung, so vielleicht unsichtbar zu sein, schlich ich mich vorbei. Es war anstrengend. Oben angekommen warf ich einen Blick zurück zu der Terassentür. Es hätte ja sein können, dass der Arzt gerade in diesem Augenblick zur Terassentür herauskam, und dann - ja, was dann? Egal, es war niemand zu sehen, die Tür war zu, und was hätte der Doktor oder seine Frau schon auf der Terrasse zu tun gehabt, mitten im Winter?

Erleichtert und mit beherzten Schritten setzte ich meinen Weg fort. Bald war das Tor in Sicht, durch das man zum See kam. Die Bänder der Schlittschuhstiefel schienen heute etwas schwer auf meiner Schulter zu lasten.

Jetzt öffnete sich das gewohnte Panorama des Sees mit seiner Eisfläche und dem Gewimmel der Schlittschuhläufer vor mir. Es zog mich magisch an. Der Walzer war nun ein anderer, aber auch schön. So schön, wie der, den ich vom Fenster aus gehört hatte? Zog es mich wirklich so sehr aufs Eis? Oder war mir ein wenig schwummrig? Ich fühlte mich plötzlich schwach, schwächer als die ganze Zeit zuvor. Und plötzlich fielen mir die mahnenden Worte des Arztes wieder ein und ich dachte daran, wie meine Mutter schauen würde, wenn sie mitbekam, was ich gemacht hatte, und, und, und …

Ganz langsam drehte ich mich um, nahm in Gedanken Abschied vom Eis und all den unbeschwerten Schlittschuhfahrern, und schlürfte nach Hause. Beim Passieren des Arzthauses ließ ich wieder Vorsicht walten, aber nicht mehr ganz so viel wie vorher. Die Kraft hatte mich verlassen.

Ich schlich mich ins Haus. Mutter hörte mich nicht. Sie hatte sich zu einem Mittagsschläfchen hingelegt, gottseidank. Das Radio spielte leise. Ich zog mich aus und legte mich in mein Bett. Es war noch etwas warm. Ich kuschelte mich hinein und war froh, nicht mehr draußen zu sein. Hier gehörte ich hin, krank wie ich war. Aus der Stube hörte ich beruhigend und schön die „Elisabethserenade".

Alles war gut.

Noch ein Hausmittel

Das Jahr darauf war ich längst wieder fit und es zog mich wieder aufs Eis. Heute war das Wetter etwas trüber als die Tage zuvor und ziemlich kalt. Als ich auf der Hochbank neben dem Kiosk wie immer meine Schlittschuhstiefel anziehen wollte, tat ich mir etwas schwer, hineinzuschlüpfen. Ich musste fest anschieben und presste meine Füße schließlich mit aller Gewalt hinein. Anscheinend waren sie seit dem letzten Jahr gewachsen und es hatte keine neuen Stiefel auf Weihnachten gegeben. Kein Wunder, dass die Füße wuchsen, ich wurde ja auch schön langsam ein Teenager. Aber auf dem Eis angekommen war alles gut. Ich drehte meine Runden und übte auch ein wenig Rückwärtsfahren mit Übersetzen. Dazu beugte man den Oberkörper leicht nach vorne, um einen Schub nach hinten zu bekommen. Gleichzeitig ruckelte man mit den Füßen parallel nach links und dann nach rechts. So kam man langsam in Schwung und konnte Schlangenlinien nach hinten fahren. Um eine Kurve zu fahren, musste man übersetzen: Man zog den rechten Fuß über den linken, der fast gleichzeitig nach hinten glitt, und setzte den linken Fuß wieder nach vorne. Je öfter hintereinander man das machte, desto enger wurde die Kurve, und umgekehrt. Ich übte das einige Male. Dazwischen schaute ich immer mal, ob jemand Interessantes zu sehen war. Nein, heute war es ein bisschen langweilig.

Als ich mich bereits auf den Weg zur Umkleidebank machte, sah ich aus dem Augenwinkel ein Paar die Eisfläche betreten. Das waren sie wieder, die Tochter unseres Hausarztes, die schon eine junge Frau war, und ihr Partner! Nun musste ich umkehren und zuschauen. Die beiden lächelten sich an, gingen in Position und tanzten zu einem Walzer übers ganze Eis. Ganz im Rhythmus zur Musik schwebten sie in die Ferne, dann waren sie wieder nahe bei den Zuschauern, die sich am Rand der Eisfläche formiert hatten. Ihre Bewegungen waren harmonisch und perfekt.

Mir kamen sie vor wie Marika Kilius und Hans-Jürgen Bäumler, das berühmte Eiskunstlaufpaar jener Zeit. Sicher versuchten sie, diese Berühmtheiten nachzuahmen. Das Rückwärtsfahren mit Übersetzen beherrschte das Paar wie selbstverständlich. Man brauchte es schließlich für den Walzer. Danach versuchten sie noch einen Cha-cha-cha, der ihnen aber nicht so gut gelang. Sie übten und übten und beide lachten, wenn es wieder einmal schiefging. Aber auch dabei war das Zuschauen schön. Ich beneidete die beiden um ihre Kunst, aber auch um ihre Lockerheit und Zugewandtheit.

Angeregt durch dieses Schauspiel ging ich nochmal aufs Eis, übte alles Mögliche und träumte mich in die Rolle der Nachbarstochter hinein … Als nichts Interessantes mehr zu sehen war, beschloss ich, nun aber wirklich heimzugehen.

Inzwischen war es schon richtig kalt geworden. Ich zog auf der Bank meine Schlittschuhstiefel aus und schlüpfte in die Winterstiefel hinein. Schnellen Schrittes ging ich zum Tor. Und plötzlich - ein stechender Schmerz in meinen Zehen. Ich erschrak. So etwas hatte ich noch nie erlebt. Ich konnte mir nicht erklären, woher das kam. Der Schmerz wurde immer schlimmer, je mehr ich mich unserem Haus näherte. Kaum, dass ich noch die Treppen hinaufkam. Es wurde auch nicht besser, als ich in der Stube die Stiefel auszog. Im Gegenteil. Ich jammerte. Zufällig waren an dem Wochenende Onkel und Tante aus Nymphenburg zu Besuch da. Der Onkel war in russischer Kriegsgefangenschaft gewesen und er konnte mir das Phänomen sofort erklären: „Du hast dir die Zehen erfroren!“ Er fügte noch hinzu, das käme wohl daher, dass ich zu lange beim Eislaufen gewesen war, bei dem kalten Wetter, und dass die Zehen womöglich zu wenig Platz in den kleinen Stiefeln hätten. Und er wusste aus Erfahrung (Russland oder Kindheit?), wie so etwas zu behandeln sei. Er befahl seiner Ehefrau, meiner Tante, zu unserem Nachbarn Wonga Wonga zu laufen und einen Eimer Holzleim samt Pinsel zu holen. Den Leim erhitzte der Onkel so weit, wie die Haut es gerade noch aushalten kann, und strich ihn mir dick auf die Zehen. „So, das zieht die Kälte raus aus den Zehen“ sagte er. Das fühlte sich zunächst gut an und ich war froh, behandelt und gerettet zu sein. Aber dann ging es den Zehen offenbar so gut, dass sie anfingen, zu jucken. Ich weiß nicht, was schlimmer war: der Schmerz oder das Jucken. Ich rieb die Füße aneinander, kratzte die Zehen, was das Ganze noch schlimmer machte, rieb und kratzte wieder und irgendwann hörte es dann von selber auf. Für eine Weile. Dann schienen die Zehen ein wenig größer geworden zu sein. Sie waren wohl etwas angeschwollen - vom Auftauen oder vom Kratzen, wer weiß? Und das blieb einige Zeit so.

Jemand erzählte mir, dass Frostbeulen jedes Jahr „aufbrechen", wenn es wieder sehr kalt wird. Das heißt, sie schwellen an und jucken und man kommt nicht gut in seine Schuhe rein. So erging es auch mir, ein paar Jahre lang. Aber dann war auch dieses Abenteuer überstanden.

Meine Leidenschaft fürs Schlittschuhfahren konnte bis ins Erwachsenenalter durch nichts gemindert werden.

Epilog

An einem Nachmittag, ein gutes Jahr später (2021), sitze ich wieder am Bett meiner Mutter. So lange habe ich gebraucht, um die Erinnerungen meiner Kindheit, ausgelöst durch jenen Besuch bei ihr damals, aufzuschreiben.

Ich trage keine Maske mehr in ihrem Zimmer; sie auch nicht. Wir sind beide inzwischen zwei Mal geimpft, wie ein Großteil der Erwachsenen. Vorher war einmal eine schlimme Zeit, als man seine Lieben in Heimen oder Krankenhäusern gar nicht mehr besuchen durfte. Dann wurde gelockert: mit Test, Voranmeldung und dicker Maske konnte man im Freien jemanden für eine Stunde besuchen. Das war beschwerlich. Abgesehen von Atemproblemen verhinderte es eine echte Kontaktaufnahme und Zuwendung. Jetzt ist alles besser geworden.

Heute ist Mutter wach. Sie schaut mich an. Erkennt sie mich? Ich weiß es nicht. Fragen kann ich sie nicht, denn sie hört fast nichts mehr. Aber sie redet gerne: einfach so drauf los, aber unzusammenhängend. Nur sie weiß, was sie meint, wovon sie spricht. Das glaube ich fest. Manchmal verstehe ich einzelne Wörter, Namen, Orte.

Gut, dass ich ihr früher, als sie noch gesünder war, immer gerne zugehört habe, wenn sie von ihrer Kindheit und Jugend erzählte. Darum weiß ich, dass sie momentan in einer anderen Welt ist - so wie ich in eine andere Welt hineinversetzt war, vor einem Jahr. Sie sagt: „Wo ist denn Anni?" Anni war ihre Cousine, mit der sie immer gerne spielte, vor neunzig Jahren. Der Bauernhof ihrer Eltern und der von Onkel und Tante lagen nicht weit voneinander entfernt, in einem kleinen Dorf in Norddeutschland. Auch Nachbarhöfe gab es rundherum. Auf einem Bauernhof ist viel Platz. Das sah ich einmal auf einem kleinen, alten Schwarz-Weiß-Foto. Meine Mutter steht inmitten anderer Kinder. Sie ist die kleinste, zierlich, mit schmalem Gesicht, dünnen, blonden Zöpfchen und einem hellen Kleidchen, das eher einer Schürze ähnelt. Sicher spielte sie mit den anderen Kindern die gleichen Spiele, die ich gespielt hatte: Fangen, Verstecken, Blinde Kuh, solche Sachen. Es waren wohl Spiele, die kein Material erforderten. Es war die Zeit kurz nach dem ersten Weltkrieg. Für

Essen und Trinken war gesorgt, vor allem bei den Bauern; aber was darüber hinausging, war rar.

Am Ende des zweiten Weltkriegs war Mutter eine junge Frau. Ihr jüngerer Bruder war gefallen, die ältere Schwester an Tuberkulose gestorben. Als marodierende Russen auf dem Lande umherzogen, mussten die Frauen sich verstecken, oben in den Scheunen, unten im Keller - überall, wo Platz war. Die ausgehungerten Soldaten wären den Frauen gefährlich geworden … Eine Nachbarin schaffte es nicht. Sie war dann Zeit ihres Lebens krank … so erzählte Mutter mir.

Aber das ist ein anderes Kapitel; das gehört nicht zum Thema „Kindheit“.

Doch meine Gedanken wandern weiter. Ich kann sie nicht stoppen. Ich muss daran denken, dass Mutter vier Jahre nach Kriegsende nach Bayern kam, der Liebe wegen, um meinen Vater zu heiraten. Sie geriet in eine katholische, bayrische Familie, in einer Kleinstadt, wo die Leute allesamt noch nicht viel herumgekommen waren. Es war schlimm genug, dass sie eine „Preußin“ war. Noch schlimmer war aber, dass sie Protestantin war; dass sie „den falschen Glauben“ hatte, wie mein Vater öfters, halb im Scherz, halb ernst, verlauten ließ.

Sie wurde nicht herzlich von der Familie ihres Mannes aufgenommen. Da sie von Natur aus zurückhaltend, aber auch stolz ist, gelang es ihr ihrerseits nicht, die Kruste aufzubrechen. Sie wirkte immer fast wie ein Dienstbote in ihrem eigenen Haushalt und wurde auch so von der gesamten Verwandtschaft behandelt. Sie verschloss sich. Nur bei Kindern lächelte sie.

Viele Jahre später erzählte sie mir, die schönste Zeit in ihrem Leben sei die Zeit mit ihren Enkelkindern gewesen. Ich glaubte ihr das sofort, denn auch ich erinnere mich gerne an die Besuche von mir und meiner Schwester mit unseren kleinen und größeren Töchtern. Und ich hoffe sehr, dass ich später zu ihrem Glück beitrug, wenn ich mich am Abend, manchmal mit einem Glas Wein, zu ihr setzte und mir gerne von ihrem Leben in ihrer Heimat erzählen ließ.

Und jetzt ist sie in einem Seniorenheim im neuen Teil der Stadt. Sie hätte aus verschiedensten Gründen nicht mehr in ihrem alten Haus bleiben können. Sie gewöhnte sich dort schnell ein, weil sie dort intensiv umsorgt wird - und weil sie eine „Dulderin“ ist, wie eine Nachbarin es einmal formulierte. Es geht ihr sehr gut in dem Heim. Alle lieben sie, von den Mitbewohnern bis zu den Pflegern. Sie ist der Liebling der Station, sagen sie, weil sie immer zufrieden und freundlich ist und immer lächelt. Das täte ihnen so gut, sagen sie. Und Mutter tut das Gefühl gut, geliebt und anerkannt zu sein. Nicht zuletzt fühlt sie sich dort so wohl, weil sie gutes Essen bekommt: reichlich und regelmäßig. Das hatte sie so zuletzt in ihrem Haus auch nicht gehabt. Und Mutter hatte immer schon Wert auf gutes Essen gelegt. Sie hatte ja auch sehr gut gekocht. Nun wird sie, die immer bedient hatte, bedient.

Gedanken

Ich komme ins Grübeln. Es ist nicht das erste Mal, dass sich mir der Gedanke aufdrängt, dass es schon auf Erden eine Gerechtigkeit gibt, einen Lohn für die gute oder eben auch eine Strafe für die böse Tat. Mutter hatte kein leichtes Leben. Sie war nur von ganz wenigen geliebt oder wenigstens gewürdigt. Dabei hatte sie immer allen geduldig gedient, war gastfreundlich und menschlich. Sie hatte klaglos ihre Pflichten erfüllt. Die Wenigsten sahen das. Niemand machte sich die Mühe, an sie heranzukommen, sie sich zur Freundin zu machen, ihr zu helfen, sich heimisch zu fühlen. Aber nun, ganz am Ende ihres Lebens, geht es ihr gut. Ihr Teint wird immer glatter und rosiger. Leider kann sie es nicht hören, wenn wir ihr sagen, dass sie bald wie fünfundzwanzig aussieht. Aber ich glaube, sie kann das Kompliment an unseren Gesichtern ablesen. Das freut sie, denn eitel war sie immer. Dabei wird sie Anfang nächsten Jahres hundert!

Umgekehrt habe ich schon von manchem Familientyrannen gehört, dass er entweder früher als gewünscht oder aber sehr qualvoll aus dem Leben geschieden ist. Und andererseits wieder kenne ich einen, der immer hilfsbereit ist, sowohl gegenüber Fremden auf der Straße als auch Freunden und Nachbarn gegenüber. Sein Leben hing nach mehreren Operationen an einem seidenen Faden. Aber er ist wieder richtig gesund geworden und freut sich seines Lebens. Ich könnte noch viele Beispiele anführen, in beide Richtungen. Na ja, es gibt wohl keine Statistik darüber, mit der man diese Gesetzmäßigkeit verifizieren könnte …

Und noch etwas fällt mir ein - ich weiß gar nicht recht, warum jetzt. Vielleicht ist es nur eine etwas weit hergeholte Assoziation. Ich möchte das trotzdem aufschreiben. Es ist mein ganz persönliches „Lebensgesetz". Die Formulierung stammt nicht von mir. Eine Schulfreundin hat mir die Verse einmal ins Poesiealbum geschrieben, nicht ahnend, in diesem kindlichen Alter, dass sie mich in meinem ganzen Leben begleiten würden. Der Spruch lautet: „Immer wenn du meinst, es geht nicht mehr, kommt von irgendwo ein Lichtlein her." Auf die linke Seite des Büchleins malte sie eine rote Kerze, so ähnlich wie eine Adventskerze. Mir ist das Lichtlein in dunklen Stunden so oft erschienen und hat mich bis heute aufrecht gehalten, so oft, dass ich wirklich an eine höhere Gewalt glaube. Ich hoffe, dass dies auch meine Klassenkameradin erfahren durfte, die das so schön geschrieben hat; eigentlich wünsche ich es mir für alle Menschen auf dieser Erde.

So ergibt sich ein Fazit: Man soll und braucht sich nie von Furcht oder übergroßen Bedenken leiten lassen, sondern man darf das Leben getrost genießen!

Dank

Bedanken möchte ich mich bei meinem Bruder und meiner Cousine, die meinem Gedächtnis an manchen Stellen auf die Sprünge geholfen haben, und bei meinem Mann, der mir inhaltliche Ergänzungen geliefert hat, der mich aber vor allen Dingen technisch unterstützt hat. Ohne ihn wäre mein Manuskript nicht zum Buch geworden.
Und nicht zuletzt ein großes Dankeschön an meine Tochter Julia für ihre lebendigen, einfühlsamen Illustrationen.

Persönliche Anmerkungen der Autorin

Die Muse des Ruhestandes ließ die ewig schlummernden Bilder aus meiner Kindheit in der Kleinstadt vor mein geistiges Auge treten, so klar und zeitnah, als sähe ich Farbfotografien.

In Episoden erzähle ich aus der Zeit der 1950er und frühen 1960er Jahre.

Ein Buch über Burghausen aus einer ganz eigenen Perspektive, abseits von nüchternen historischen Fakten und alten Zeitungsartikeln wollte ich schreiben: leicht, authentisch, intensiv.

Die Stadt, mit dem See entlang des Hügels, der Burg und seiner verwunschenen Landschaft ringsherum, den uralten Häusern mit den kleinen Läden und Handwerksbetrieben, und dem Fluss mit den Brücken nach Österreich, bildet das Rahmenwerk einer einzigartigen Kindheit.

Reaktionen einiger Leserinnen:

„Die Illustrationen sind wunderbar. Bei der ersten Seite sind mir schon gleich die Tränen gekommen."
(Eine Burghauserin)

„So möchte ich auch schwimmen lernen!"
(Meine Großnichte aus dem Münchner Umland)

Die Autorin

Die Autorin Irmgard Teich, geb. Strobel, erblickte 1950 in der schönen Stadt Burghausen in einem alten Haus am Fuße der „weltlängsten Burg“ das Licht der Welt.
Sie besuchte das humanistische Kurfürst-Maximilian-Gymnasium der Stadt. Nach ihrem Abitur studierte sie in München an der Ludwig-Maximilian-Universität die Fächer Englisch und Latein für das Lehramt am Gymnasium.
Nach Abschluss von Studium und Referendariat unterrichtete sie 25 Jahre lang als Englisch- und Lateinlehrerin an verschiedenen Gymnasien in München, Bad Aibling und Bruckmühl. Während ihrer Beurlaubung vom Schuldienst widmete sie sich mit ihrem Mann der Erziehung ihrer beiden Töchter.
Heute lebt sie mit ihrem Mann in München. Sie besucht regelmäßig ihre Heimatstadt und ihr Elternhaus.